死して生きる哲学

西田哲学における他者・身体・超越

喜多源典 著

晃洋書房

はじめに

否定即肯定の矛盾的自己同一の世界は、どこまでも逆限定の世界、逆対応の世界でなければならない。神と人間の対立は、どこまでも逆対応的であるのである。故に、我々の宗教心といふのは、我々の自己から起るのではなくして、神または仏の呼声である。神または仏の働きである、自己成立の根源からである。

西田幾多郎「場所的論理と宗教的世界観」（⑪409–410、傍線筆者）[1]

本書には二つの目的がある。まず一つは、西田幾多郎（一八七〇—一九四五）の思索全体を「不可逆」という視座[2]から捉え直すことを試みることである。「不可逆」とは、端的に言えば、絶対者と人間とのあいだには順序を絶対に「逆にすることが出来ない」関係構造が存在するということである。換言すれば、絶対者の働きが我々人間に「先立って」働いているという「先行性」が存在することを意味する。冒頭の引用文は西田の最晩年の最後の完成論文「場所的論理と宗教的世界観」で述べられた言葉であるが、「不可逆」をこの西田の文言に即して言えば、我々の自己に「宗教心」が生じるのは、「我々の自己から起る」のではなく、我々の自己に先立って働いている「神または仏の働きから」ということなのである。ここには、「神または仏の働き」と人間との「不可逆」的関係性——両者の順序を絶対に「逆にすることが出来ない」関係性——が見出せるだろう。本書の目的の一つ目は、この「不可逆」という視点から西田哲学全体を描き出すことを試みることである。

ではなぜ、「不可逆」という観点から西田哲学を把握しようとするのかというと、本書が中心的に取り扱うのは、西田の中期[3]における著作『無の自覚的限定』（一九三二年）から後期の思索、さらには最晩年の完成論文「場所的論理と宗教的世界観」（一九四五年）に至るまでの時期の思想内容であるが、その時期に見られる西田の思索には、西田哲学研究における伝統的立場――仏教、とりわけ禅の立場に立脚し、前期の処女作である『善の研究』(一九一一年)の中心概念である「純粋経験」の文脈の中にその後の西田の思索も位置づけて理解しようとする立場――からだけでは捉え尽くせない内容が明確に見出せるからなのである。そして、その内容こそが、絶対者と人間との関係性に「不可逆」的構造が明確に見られるということなのである。このように中期西田哲学以降には「不可逆」の観点から捉えられる側面が大いに存在するにもかかわらず、従来の西田哲学研究ではほとんど取り上げられず見落とされがちであり、先行研究も極めて少数であるのが現状である。このような西田哲学の一面的理解の現状は、西田の思索の全体像を正しく映しているとは言い難いのではないかと思われる。以上の問題意識から、筆者は西田哲学を「不可逆」という視座から捉え直すことを試みたいのである。[4][5]

絶対者と人間における「不可逆」的関係性を強調したのは、キリスト教神学の立場から西田哲学批判を行った滝沢克己(一九〇九―一九八四)だが、この「不可逆」というのは「インマヌエル(神われらと共にいます)の原事実」という、我々人間の意識がこの事実に気付く気付かないに関係なくすべての人間に絶対無条件に現存している根源的事実に基づいている。滝沢はこの神と人との「原関係」を「不可分・不可同・不可逆」という形で定式化して捉える。つまり、絶対者と人間とは絶対的に断絶していながら(不可同)、同時に密接につながっている(不可分)のであり、しかも両者は絶対に逆にできない順序をもって区別される(不可逆)という。ただ注意すべきは、滝沢においては絶対者と人間との「不可逆」の関係が強調され、前面にあり、そこから不可同・不可分的な解釈が施されるということである。従って、滝沢が「不可逆」というときは、絶対者と人間との「不可逆」的関係だけを意味しているのではなく、「不可逆」的関係を中核として「不可同・不可分」とともに理解される必要がある。本書においても「不可逆」という際には、この意味で捉えられる「不可逆」であることを予め指摘しておきたい。[6][7]

このように滝沢克己は絶対者と人間とのあいだの「不可同・不可分・不可逆」における「不可逆」の関係の重要性を強調するのであるが、滝沢は西田の思索を十分評価しながらも、西田哲学に対して彼独自の批判を行っている。それは、西田哲学にはこの「不可逆」の把握が不徹底で曖昧であるという厳しい批判である。例えば、次のような批判的見解を滝沢は述べている。

西洋にいわゆる「自覚」が完全に絶えるところに始めて現われるものとはいえ、やはり人間的自覚の一形態にすぎない正しい自覚（＝正覚）と、その自覚がそれの一反映として生起するところの、真にそれ自身で在りかつ生きている、真理自体（真実主体）とのあいだの、厳格な区別に十分な注意を払わない禅仏教の傾きが、哲学者としてのかれの関心を、かれ自身のいわゆる「絶対矛盾的自己同一」＝「自己成立の根柢」自体に、現にどのような区別・関係・順序が秘められているか――それを主たる対象として考察する方向へ深入りすることを妨げたということもあろう。(8)

この引用文から明らかなように、滝沢が西田を批判しているのは、西田の思索が禅仏教の傾きがあるが故に、絶対者と人間との関係性における「不可逆」性への考察が不十分であるということである。

しかし、筆者が本書で論じようとする立場は、西田の「不可逆」の把握に関する滝沢の批判的見解とは全く異なっている。筆者は、西田哲学に見出される絶対者と人間とのあいだの「不可逆」的関係は、中期の著作『無の自覚的限定』において見出され、後期の思索、さらには最晩年の論文「場所的論理と宗教的世界観」にまで一貫して明確に存在していると考えている（より広く捉えようとするなら、第一章で論じているように、『善の研究』以前の時期の西田の思索――六歳の我が娘との突然の「死別」経験による悲嘆のどん底から西田が見出したもの――に既に見て取ることが出来るとも考えられる）。したがって、筆者の立場は、滝沢が西田の「不可逆」の把握は不徹底であるとする批判に対して反論する立場を取ることになる。同時にそれは、西田哲学研究における伝統的立場とは異なる一つの新しい視座をもたらすものとなるのではないだろうかと考えている。本書は、このような見解に基づいて、「不可逆」の視点から西田の中・後期の思想を中心にして西田哲学全体を捉え直すことを試みるものである。

以上が本書の目的の一点目についての内容なのだが、次にその二点目について述べておきたい。それは、中期の『無の自覚的限定』以降の思索に西田の「不可逆」の把握の一貫性が存在するのは、西田が中期から「他者」や「身体」の問題、さらにはその問題と一体をなす「表現」の問題を重要視して自らの思索を展開したことと密接に結びついていることを明らかにするということである。

では、なぜこのような観点から西田哲学を捉える必要があるのであろうか。ここで考えてみたいのは、なぜ中期の『無の自覚的限定』から西田の思索に「不可逆」の把握が見出されてくるのだろうかということである。それは思うに、西田の前期の思索が、自己の意識内部の奥底の方向に真実在や真の自己というものを徹底的に追及していた傾向が強く（その思索は「純粋経験」や「絶対無」という概念に結実する）、その後、それを田辺元や三木清、戸坂潤等が批判し、また当時一世を風靡していたマルクス主義の影響もあって、西田は中期以降の思索において、現実に存在する非合理性の問題を重く受け止め、他者や歴史、現実世界との関わりを重視するようになり、「社会的・歴史的世界」(69)を強調する立場に転じたことによると考えられる。言い換えれば、『無の自覚的限定』以降、自己の外部の現実世界との関わりから自己を捉えていく立場へと思想的転回が生じ、こうした転回に伴い、「行為」や「実践」の問題が論じられるようになり、またそれとの連関において「他者」や「身体」の問題が重要な役割を果たすようになった。このことと西田の思索に「不可逆」の把握が生じ出したことには何らかの連関があるのではないかと考えられるのである。

「他者」や「身体」の問題は、前期の思索ではほとんど主題化されず、『無の自覚的限定』においてはじめて重視され始め、西田独特の他者論や身体論が展開される。そこでは、我々の自己は、意識的自己としてだけではなく、身体的存在としての自己としても捉えられるようになり、また私の意の範疇に全く収まらない「自己の如何ともしがたいもの」としての「汝」によって絶対否定されることによって、はじめて自己が自己として成立すると理解される。このような自己の自己矛盾的事実が我々の自己存在の根底に根差しているのであり、この自己矛盾的事実は自己の力によっては除去し得るものではなく、その事実にどこまでも撞着するところにおいて宗教的要求が自己の内に生じると西田は捉えている。ここにおいて、他者は他者でも、神（又は仏）の「絶対他者」としての「超越性」の働き、我々人間との関係における絶対者の「不可逆」的超越性が見出されてくる。『無の自覚的限定』以降の思索において、我々人間に先立って働く絶対者の「先行性」、絶対者と人間のあいだの「不可逆」的関係が見出されてくるのだが、一方で西田の思索にはこうした「他者」や「身体」という視点からの論究が中心的になされており、筆者はそのつながりに着目している。

従来の西田哲学研究では、「他者」や「身体」の問題に関する論考は意外なことに少ない（とりわけ、「身体」の問題を扱った論究はより少ない）。さらには、それらの問題と西田の「不可逆」の把握とのつながりを論じた先行研究は極めて少ない。その意味で、本書において「他者」や「身体」の問題に焦点を当てて掘り下げ捉えていくこと、それに加えて「不可逆」という観点との結びつきを解明していくことは西田哲学研究において一定の意義があるのではないかと考える。

以上のように、本書の目的の二点目は、中期の『無の自覚的限定』以降の思索において西田の「不可逆」の把握の一貫性が存在するのは、西田が中期から「他者」や「身体」の問題、さらにはその問題と一体をなす「表現」の問題を重要視して自らの思索を展開したことと密接に結びついていることを明らかにすることである。また、本書におけるこうした独自の観点――「他者」、「身体」、「表現」、（「不可逆」性という）「超越」――から中期以降の西田哲学を捉えていく際に、西田の思索の根幹に一つの通底する思想的特徴が存在することが浮き彫りになってくるであろう。それが「死して生きる」ということである。この点について詳言するなら、絶対者自身が真に絶対者たり得る事態においても、我々の自己が真の自己に転換せしめられる事態においても、「死して生きる」――自身を絶対否定することにより真の自身そのものになり得る――という共通の在り方が見出せてくるということである。本書の表題が「死して生きる哲学――西田哲学における他者・身体・超越――」となっているのはこのような西田の思索的特徴によっている。

本書は以上のような二つの目的に基づく考察を通じて、従来の伝統的立場——仏教、とりわけ禅の立場に立脚し、「純粋経験」の文脈の中にその後の西田の思索も位置づけて理解しようとする立場——とは異なる一つの新しい西田哲学像を見出すことを試みるものである。したがって、本書において中心的な考察内容となるのは、(前期の思索についても第一章・第二章において十分取り上げるが)西田の中・後期の思想内容——中期の著作『無の自覚的限定』から後期の思索、さらには最晩年の完成論文「場所的論理と宗教的世界観」(一九四五年)に至るまでの時期の思想内容——になる(第三章〜第七章)。

以下に各章の概要を記しておきたい。まず、このような中期における西田の思索的転回までの道程(第一章・第二章)を、前期以前の時期の思索にまで遡ったところから辿っていく。第一章「西田幾多郎の思索の出発点にあるもの——二つの終焉記を中心に——」では、西田の思想形成の出発点にあるものを、前期以前の時期に西田が直面した、五歳の次女幽子(一九〇七年一月一一日)との「死別」体験に焦点を当てて考察する。西田はその悲哀体験を、『善の研究』に先立つ一九〇七年に二つの「終焉記」ともいうべき文書で記している。本章では、この二つの終焉記の内容を元にして、我が子との「死別」経験が「人生の悲哀」を自らの哲学と宗教の動機とする西田の思想形成全体の出発点に大きく関わっていることを論じる。ここから明らかになることは、西田の思索の出発点には既に、中期の「他者」論や後期の「歴史的世界における表現的関係」、さらには最晩年の「宗教論」における「逆対応」といった様々な概念や論理の基盤となる最も具体的で現実的に生きられた経験——「深い人生の悲哀」——が存しているということである(もちろん、二つの終焉記の内容だけがそれらの基盤となっているのではないが、重要な基盤の中の一つと言えるのではないかと考える)。だからこそ、西田の哲学と宗教の生起する処は「人生の悲哀」であると言われるのであり、西田の哲学的・宗教的思索とはこうした「西田の思索の出発点にあるもの」が概念や論理に高められてゆく思索的展開であることを指摘する。

第二章「前期西田の思索的特徴——「他者」「身体」「表現」「超越」の観点から——」では、前期西田の思索的特徴を概観し、「他者」や「身体」の問題が主題化されない前期において「他者」や「身体」、さらには「表現」や「超越」がどのように捉えられていたのかを、主に『善の研究』や『自覚に於ける直観と反省』（一九一七年）、『芸術と道徳』（一九二三年）、『働くものから見るものへ』（一九二七年）を取り上げて確認していく。また、この前期の西田の思索が、中期以降の思索における「他者」「身体」「表現」「超越」という観点に対してどのような位置を占めるのかについて論じる。さらに、前期の思索において、なぜ「他者」や「身体」、（絶対他者的な）「超越性」の側面が前面に出て来なかったのかという点についても触れてみたい。

第三章「中期西田における「他者」と「超越」――論文「私と汝」を中心に――」では、『無の自覚的限定』所収の論文「私と汝」（一九三二年）においてはじめて主題化される「他者」の問題、さらにはその問題と密接に関わる「超越」の問題を考察する。ここではまず、西田が「他者」の問題を重要視するようになった経緯を辿る。その際に決定的な役割を果たしたのが、「西田先生の教を仰ぐ」（一九三〇年）以降から田辺元が展開する西田哲学批判である。西田は『無の自覚的限定』における諸論文において田辺の一連の批判に応答していくのであるが、論文「私と汝」において、我々が出逢う他の人格としての「汝」を、我々の自己に対して「絶対に非合理的なるもの」として位置づけるに至る。このように西田が他者論を主題化していく思想的展開を詳細に論じていきながら、その上で、西田が捉えた極めてパラドキシカルな「私と汝」関係に論及し、同時にその関係性の底には絶対者と人間との関係における「不可逆」的超越性――我々人間に対して先立って働く絶対者の自己否定（絶対愛）の「先行性」――が見出せることを明らかにする。また、この時期に捉えられた「私と汝」関係が、従来の西田哲学研究においては代表的な西田他者論と見做されがちであるが、私と汝との二者の直接的無媒介な人格的関係のみの世界はなお主観的世界であり、いわば広げられた私の世界であるとして後に自己批判される問題を孕んでいることも指摘する。

次に、第四章「中期西田における「身体」――『無の自覚的限定』とその関連講演を中心に――」では、中期西田の身体論について論じる。『無の自覚的限定』とその関連講演では、西田の他者論とともに、「身体」の問題も本格的に取り上げられていく。自己の外部なる他者や現実世界に関わり、行為するということには「身体」が重要な役割を有するからである。この時期から、西田は「身体」の問題を本格的に主題化しはじめ、「身体」の立場から自己や他者、世界を捉え直そうとする思索的転回が生じ、西田の身体論が他者論とともに同時に展開されていく。本章では、『無の自覚的限定』における諸論文やその関連講演において、「身体」の立場から自他や世界を捉え直していく西田の思索的展開を見ていく。その上で、西田が論文「私と汝」やその関連講演において中心的に論じた、私と汝という断絶した二人格が相結合する事態を可能にするものとして「身体」を重要視していることに注目し、「(私と汝における)非連続の連続を可能にする身体」という観点で捉えることを試みる。そのような身体は(独特の意味での)「行為」と「表現」の両義性を有する身体として理解されることが明らかとなる。その一方で、この時期の身体論には問題点が存在することも指摘する。それは、本章で見出された(私と汝における)非連続の連続を可能にするものとしての身体は、私と汝との二者の直接的無媒介な人格的関係のみの世界、つまり「なお主観的世界であり、いわば広げられた私の世界」においてでしか成立し得ない、「客観的限定」を欠いている不十分な身体であるということである。

西田の思索は中期から最晩年も含めた後期にかけて、「他者」や「身体」、「表現」の問題を重視して思索を展開するが、中期の思索においてはまだ課題を残すものであった。そうした課題を克服せんがために、後期の思索において「他者」や「身体」、それらと密接に結び付く「表現」の問題が捉え直されていく。そして、そのことにより、自己と他者や物、自己と世界、自己と絶対者との関係性が、対象論理的な関係でもなく、絶対無の自覚にすべてが包摂される立場でもなく、歴史的世界における「表現的関係」へと転換する思索が後期に展開される。

第五章「後期西田における「他者」と「身体」——「表現的関係」への転換——」では、後期の思索において、『無の自覚的限定』における他者論や身体論に内在した問題を西田がどのように克服していったのかを明らかにする。それは、後期西田における「弁証法的一般者」の立場から捉え直されることとなる。そして、ここにおいて、本書の重要な観点の一つである「表現」の問題が西田の思索において前面に出て来る。弁証法的一般者の立場から「他者」

や「身体」の問題が克服されたことにより、自己と物、自己と世界、自己と絶対者との関係性は、（上述したような）「表現的関係」として捉え直されていく。本章では、弁証法的一般者としての世界（歴史的世界）における「表現的関係」とはどのような関係なのかを詳細に論じる。さらに、その「表現的関係」にはその底に宗教的・超越的次元からの働きも存在しているという独特の二重構造が見られることを指摘する。

次の第六章「「表現」と「超越」――論文「実践哲学序論」を手がかりに――」では、前章で取り上げた、歴史的世界における二重性を有した「表現的関係」にはいかなる事態が見られるのかということの解明を試みる。とりわけ、歴史的身体としての我々の自己と物や他者、自己と世界とのあいだの「表現的関係」の底に働く宗教的・超越的次元からの表現に着目して考察を行い、その宗教的・超越的次元からの表現には、我々人間に先立って働く絶対者の自己否定の「先行性」、我々人間に対する絶対者の自己否定の「不可逆」的超越性が存在していることを明らかにする。その点に関する考察は、『哲学論文集　第四』所収の論文「実践哲学序論」（一九四一年）において西田がキルケゴールの『死に至る病』を独自に解釈した思索を基にして比較思想的に考察を行う。本章を通じて見出せることは、西田哲学における絶対者と人間との「不可逆」的関係性は、中期の『無の自覚的限定』以降、後期の思索にも一貫して存在しているということである。

第七章「逆対応と平常底――論文「場所的論理と宗教的世界観」を中心に――」では、西田が最晩年に本格的に宗教の問題を論じた論文「場所的論理と宗教的世界観」（一九四五年、以下「宗教論」と略記）を取り上げ、その「宗教論」の核心概念である「逆対応」という概念に着目する。「逆対応」は、「宗教論」において宗教の問題を西田が真正面から取り組む中ではじめて打ち出されたものであり、端的に言えば、絶対者と人間というどこまでも相反するものが相互に相対立し断絶していながら、にもかかわらず相互に自己否定的に接しているという、絶対者と人間との宗教的な関係を言い表す概念である。同時に本章では、「逆対応」と密接な関係にある（「宗教論」において「逆対応」とセットで出された）「平常底」とはどのような立場のことなのかについても捉えていく。「平常底」の立場について端的に述べておくと、「逆対応」という絶対者と人間との宗教的関係を、この歴史的現実の世界において自覚して生きる我々の自己の立場のことである。それは言い換えるなら、この歴史的現実の世界における絶対者と行為的自己（歴史的身体としての自己）との関係性——我々の自己が行為的に「物」や「他者」と関わり合う（そこにおいて労苦し苦悩する）その底に同時に超越的なる絶対者の働きも存在するという動的な二重関係——を自覚して生きる自己の立場のことである。さらに付言するなら、「平常底」の立場とは、中期の『無の自覚的限定』から最晩年の「宗教論」に至るまで「他者」や「身体」、「表現」の問題を重視して展開してきた西田の動的でダイナミックな思索にどこまでも足場を置いて「逆対応」を捉えていくということでもある。

本章における「逆対応」と「平常底」に関する考察を通じて見出されてくることは、絶対者の「無限の慈悲」の働きは、我々の歴史的身体的自己がどこまでも物や他者と関わり合う中で立ち現れるということである。絶対者の働きは自らの超越性を否定し、我々の自己に対して物や他者を通じて（極限的な）否定的表現として現れる。そして、我々の自己はそのような絶対者の自己否定の「種々なる形」（物や他者など）にどこまでも撞着することを通じてのみ、絶対者の「無限の慈悲」の働きに接しうるのであり、それにより我々の自己は真の自己に転換せしめられるということである。こうした考察を通じて、最晩年の「宗教論」では、我々人間に先立って働く絶対者の「先行性」、我々人間に対する絶対者の自己否定の「不可逆」的超越性が、「逆対応」——絶対者と人間との宗教的関係——にも、「平常底」の立場——歴史的世界における絶対者と行為的自己との関係を自覚して生きる自己の立場——にも、明確に存在することを明らかにする。

最後に、補論一「鈴木亨の「存在者逆接空」の哲学とその射程——西田哲学の批判的継承に向けて——」と補論二「三木清の遺稿「親鸞」における一考察——後期西田哲学を手がかりにして——」を収めている。これらの内容は、ここまでの各章で論じてきた中・後期の西田哲学の批判的継承可能性を、西田の思索から大きく影響を受けつつ批判的展開を試みた鈴木亨と三木清の哲学を手がかりにして見出していくことを試みたものである。

本書は、以上のような各章の論述を通じて、先述した二つの目的を明らかにするものである。

注

（1）西田幾多郎からの引用は、旧版『西田幾多郎全集』（岩波書店、一九七八―一九七九年発行、第三刷、全一九巻）より行い、巻数と頁数を併記する。文中の⑪23という表記は、第一巻二三頁からの引用を示す。また、新版『西田幾多郎全集』（岩波書店、二〇〇二―二〇〇九年）からの引用には巻数の前に「新」を付記する。

（2）西田の思索全体において、絶対者と人間との関係性に「不可逆」性が見出されることを指摘した論究は極めて稀であるが、その重要な論考として、石井砂母亜「西田哲学における『不可逆』の問題――滝沢克己の西田批判を受けて――」（『ルーテル学院研究紀要：テオロギア・ディアコニア』第四二巻、二〇〇八年、一二七―一三九頁）がある。筆者はこの論考から多くの示唆を得た。ただ、上記論考においては西田の「不可逆」の把握に関する考察は、西田の中期の著作である『無の自覚的限定』に重点を置いた形で展開されており、本書では『無の自覚的限定』だけではなく、後期の西田の思索、さらには最晩年の論文「場所的論理と宗教的世界観」に至るまで一貫して西田の「不可逆」の把握が見出せることを各々の時期のテキストに即して明らかにしている。その点に、本書の特色の一つが存在すると考えている。

（3）西田の思想の時間区分としては諸説あるが、本書は多くの論者が依拠していると思われる三区分を採用する。前期は『善の研究』（一九一一年）から『働くものから見るものへ』（一九二七年）の前編まで、中期はその後編から『哲学の根本問題』（一九三三年）まで、後期は『哲学の根本問題続編』（一九三四年）以後の著作とする。

（4）この立場の最も代表的な宗教哲学者といえば、上田閑照氏が挙げられるであろう。禅仏教を背景とする宗教哲学の立場に立って西田哲学を捉える氏の深い西田解釈から、筆者は多くの学びを得ている者である。氏の西田解釈の諸著作として、上田閑照『西田幾多郎を読む』（岩波書店、一九九一年）、同『西田哲学への導き』（岩波書店、一九九八年）などを参照。ただ一方で、筆者は氏の西田解釈が禅仏教を背景とするが故に違和感を覚える点があるのも事実である。例えば、西田最晩年の論文「場所的論理と宗教的世界観」における「逆対応」の概念理解についてである。氏がその概念を「円環的」に捉えている点に関しては、筆者の立場からすると立場を異にせざるを得ない。氏は次のように述べる。「このように絶対者と我々の自己とは、そのどちら側からはじめても、逆方向にではあるが、否定の否定として同じ一つの円環をめぐる」（上田閑照「逆対応と平常底――西田哲学の『宗教』理解について」、『西田哲学〔没後五〇年記念論文集〕』、創文社、一九九四年、三五九―三八九頁）。このような円環的理解は、換言すれば、「絶対の他が絶対の自であり、絶対の自が絶対の他である」といういわば「不可同・不可分」（＝絶対者と人間とは絶対的に断絶していながら（不可同）、同時に密接につながっている（不可分））として捉えられているということである。こうした理解は、西田の「逆対応」に見出される「不可逆」性（＝絶対者と人間は絶対に逆にできない順序性を有している）の事態を見逃している側面があるのではないだろうか。

（5） 先行研究としては、「はじめに」注2に記載の石井砂母亜氏の論考が挙げられる。

（6） 滝沢の「不可逆」についてさらに詳述しておくと、滝沢が「不可逆」というのは、「インマヌエルの（神われらと共にいます）原事実」を意味する、神と人との「第一義の接触」という根源的事実に基いており、その根源的事実は、自己成立の根底には神と人との無条件の接触があり、その事実が事柄の順序として逆にすることのできない第一の原事実であるということである。滝沢は人間存在の根本規定として、神と人との関係にはこのような「不可逆」の関係があるとし、それは言い換えれば、「人間が成り立つという、そこには、絶対に無限で無相で、本当に自由自在で自らによって自らあるという、そういういのちそのもの、絶対無的主体があり、人間はそれによってしか成り立ってきていない」という、神人の関係における絶対に逆にできない関係のことをいう。さらに、人がこの自己成立の根底に目覚めるという「第二義の接触」は、この根源的事実である「第一義の接触」に基づいてのみ、人は神からの促しを受け、自らの根柢に与えられているこのつながりに目覚めるということが起こるのであり、この第一義と第二義の接触のあいだにもそこに逆にできない「不可逆」の関係が存在することを主張した（滝沢克己『仏教とキリスト教』（法蔵館、一九六四年を参照）。滝沢は、西田哲学にはこうした神人の関係における「不可逆」の関係性が不徹底で曖昧であると批判的に捉えているのである（滝沢克己『現代における人間の問題』、三一書房、一九八四年、一三四―一四三頁を参照）。

（7） 「インマヌエル」とは『旧約聖書』「イザヤ書」にその誕生が預言され、『新約聖書』「マタイによる福音書」の冒頭でイエス・キリストに付された名である。イエス・キリスト降誕が「イザヤ書」のインマヌエル誕生の預言の成就であることが語られており、バルトは『教会教義学』の「和解論」においてこの言葉に着目し、キリスト教宣教の核心に位置づけ、イエス・キリストを「インマヌエル」から開陳しようとした。以下の「マタイの福音書」（一章二〇―二三節）を参照。「『マリアの胎の子は聖霊によって宿ったのである。マリアは男の子を産む。その子をイエスと名付けなさい。この子は自分の民を罪から救うからである』。このすべてのことが起こったのは、主が預言者を通していわれていたことが実現するためであった。『見よ、乙女が身ごもって男の子を産む。その名はインマヌエルと呼ばれる』。この名は、『神は我らと共におられる』という意味である」。

（8） 滝沢克己『日本人の精神構造』（三一書房、一九八二年、三九頁）を参照。

目次

凡　例

・西田幾多郎著作からの引用は、旧版『西田幾多郎全集』(岩波書店、一九七八—一九七九年)より行い、巻数と頁数を併記する。文中の⑴23という表記は、第一巻二三頁からの引用を示す。また新版『西田幾多郎全集』(岩波書店、二〇〇二—二〇〇九年)からの引用には、巻数の前に「新」を付記する。

・田辺元の著作からの引用は、『田辺元全集』(筑摩書房、一九六三—一九六四年)より行い、「T」のあとに巻数と頁数を併記する。文中の「T⑴23」という表記は、第一巻の二三頁からの引用を示す。

・鈴木亨の著作からの引用は、『鈴木亨著作集』全五巻(三一書房、一九九六年)より行い、「S」のあとに巻数と頁数を併記する。文中の「S⑴23」という表記は、第一巻の二三頁からの引用を示す。

・三木清の著作からの引用は、『三木清全集』(岩波書店、一九六六—一九六八年)より行い、「M」のあとに巻数と頁数を併記する。文中の「M⑴23」という表記は、第一巻の二三頁からの引用を示す。

第一章　西田幾多郎の思索の出発点にあるもの

――二つの終焉記を中心に――

西田幾多郎（一八七〇―一九四五）は近代日本における最初の独創的な哲学者と評されている。その西田における哲学と宗教の動機は「人生の悲哀」であると言われている。[1] この「人生の悲哀」は、西田の人生に相次いで訪れた姉や弟、五人もの子どもや妻といった、最も近しい親しい者たちとの死別経験によるものが大きいと考えられる。西田にとって、以下に示す文書の内容からも明らかになるように、愛する者との死別経験は自身の哲学と宗教の核心（の一つ）ともいえる重要な意味をその当初から有している。[2]

西田の哲学的・宗教的思索全体において展開される概念や論理は、上述した度重なる愛する者との死別経験をはじめとして、常に、日常的な生における最も具体的で現実的な生きた経験に根差しているものである。概念や論理によって示される内容は、そのような概念化・論理化に先立って、西田が自らの現実の生における様々な「人生の悲哀」を通じて直接的に生きられたものである。

西田の思索全体を貫く論理は、前期の処女作『善の研究』における「純粋経験」を出立点として前・中・後期において各々にその内容を発展・変容しながら（はみ出る側面も含めながら）展開されるが、そこで展開される様々な概念や論理はその概念の基盤をなしている、概念以前の直接的な経験――西田の場合はとりわけ様々な「人生の悲哀」の経験――に根差している。西田の思索全体における概念や論理の展開を追っていく前に、その概念以前のところにあるもの――西田の思索の出発点にあるもの――を、ここでは『善の研究』以前の時期に西田が具体的・直接的に生きた経験である、愛するわが子との死別経験を通じて見ていくことにしたい。

第一節　二つの終焉記

西田において哲学と宗教の動機は、「人生の悲哀」であったことは広く知られていることである。中期の著作『無の自覚的限定』（一九三二年）に所収の論文「場所の自己限定としての意識作用」（一九三〇年）の末尾に次のように述べられている。「哲学は我々の自己の自己矛盾より始まるのである。哲学の動機は「驚き」ではなくして、深い人生の悲哀でなければならない」（⑥116）。また、最晩年の最後の完成論文「場所的論理と宗教的世界観」（一九四五年、以下、「宗教論」と略記）では「我々が、我々の根底に、深き自己矛盾を意識した時、我々が我々の自己矛盾的存在たることを自覚した時、我々の自己の存在そのものが問題となるのである。人生の悲哀、その自己矛盾ということは、古来言い古された常套語である。しかし多くの人は深くこの事実を見詰めていない。どこまでもこの事実を見詰めて行く時、我々に宗教の問題というものが起こってこなければならないのである（哲学の問題というものも実はここから起こるのである）」（⑪393–394）と、哲学と宗教の生起する処を「人生の悲哀」であると述べている。

この「人生の悲哀」は、西田の人生上に生じた様々な苦難の出来事——家の没落、肉親との不和、親しき者たちとの数々の死別、学業の挫折、職場での不遇、絶交に至るほどの論争、政治的動乱、闘病等々——に基づくものであるが、その中でも最も長く、かつ最も痛切な出来事として西田に相次いで訪れた肉親、とりわけ愛児たちとの死別経験によるところが大きいと思われる。西田はそのような悲哀経験について、次のように述べている。

回顧すれば、余の一四歳の頃であった、余は幼時最も親しかった余の姉を失うたことがある、余はその時生来始めて死別のいかに悲しきかを知った、余は亡姉を思ふの情に堪へず、また母の悲哀を見るに忍びず、人無き処に到りて、思ふままに泣いた。稚心にもし余が姉に代はりて死に得るものならばと、心から思ふたことを今も記憶している。近くは三七年の夏、悲惨なる旅順の戦に、ただ一人の弟は敵塁深く屍を委して、遺骨をも収め得ざりし有様、ここに再び旧時の悲哀を繰返して、断腸の思未だ消失せないのに、また己が愛児の一人を失ふようになった。骨肉の情いずれ疎なるはなけれども、特に親子の情は格別である、余はこの度生来未だかつて知らなかった沈痛な経験を得たのである。（①415-416）

このように西田の人生は愛する者との死別の連続であり、姉を失い、弟も戦争で亡くなってしまう。その悲哀だけでも堪え難く消え失せていないままであるのに、そこにまだ幼い六歳になったばかりの次女幽子の病死（一九〇七年一月一一日）に直面し、自らの人生上において未だかつて知らなかった痛切なる悲哀を経験する。こうした自身の度重なる肉親の喪失体験、とりわけ自らの愛児との死別経験は西田の思想形成に大きな影響を与えたものと思われる。西田はその悲哀体験を、『善の研究』（一九一一年）に先立つ一九〇七年に二つの終焉記ともいうべき文書で記している。[3]一つは、現在石川近代文学館が所蔵する自筆原稿であり、新版『西田幾多郎全集』第一一巻に「未定稿」として収録されているものである。もう一つは、「『国文学史講話』の序」（以下、「序」と記す）である。「序」が書き終えられたのが一九〇七年一一月であり、「未定稿」の方はその四カ月前の一九〇七年七月とされている。二つの文書は内容的に重複する部分もあるが、後半部分において異なる面が存在する。まず、「未定稿」では次のように記されている。

堪え難き悲哀を共にする妻に於て清き尚き愛を感じた。又自分の行動がいかに浅薄であったことも深く感ぜられた。特に余は深く死の解釈の大切なることを感じた、今までいろいろ愛らしいことをいったり為したりして居た子が忽ち消えて壺中の白骨となるといふのはいかなる訳であろうか、これが人生の最大問題である、若し人間が単に消え失せて土塊となるにすぎぬ者ならば人生程つまらぬ者はない、此処には深い意味がなければならぬ、余は之まで清沢氏などが死の問題をやかましくいふのをあまり消極的だと思ふて居た、併し今余の浅薄であったこ

とを知った、余は之より余の哲学に死の問題を入れねばならぬと思ふた。（新⑪332–333）

この文書を書き終えた四カ月後の「序」では、境涯の変化に伴って次のような文章となる。

とにかく余は今度我子の果敢なき死といふことによりて、多大の教訓を得た。名利を思う煩悶絶間なき心の上に、一杓の冷水を浴びせかけられた様な清く温き光が照して、一種の涼味を感ずると共に、心の奥より秋の日の様な清く暖き光が照して、凡ての人の上に純潔なる愛を感ずることができた。特に深く我心を動かしたのは、今まで愛らしく話したり、歌ったり、遊んだりして居た者が、忽ち消えて壷中の白骨となるといふのは、如何なる訳であろうか。若し人生はこれまでのものであるといふならば、人生ほどつまらぬものはない、此処には深き意味がなくてはならぬ、人間の霊的生命はかくも無意義なものではない。死の問題を解決するといふのが人生の一大事である。死の前には生は泡末の如くである、死の問題を解決し得て、始めて真に生の意義を悟ることができる。（①418–419）

前者と後者の文書において異なる点は、次女幽子の病死による痛切な悲哀を伴いながら、西田自身の自己否定が深まり、愛の範囲が妻から凡ての人へと拡大していることであり、もう一点は、死の問題の解決が哲学の問題から宗教（霊的生命の意義）の問題へと深化し移行していることである。

この（『善の研究』に先立って書かれた）二つの終焉記ともいうべき文書の変化から見て取れることは、愛するわが子との死別経験に基づく死の問題は、西田の「哲学」のみならず「宗教」における核心（の一つ）ともいえる重大な意味を、その当初から有しているということである。さらには、西田の思索において「哲学」の立場（に踏み留まりながら、同時にその立場）を越えた「宗教」の立場へと向かわしめる根本的要因として死の問題が存在していることが見出せる。

このことは言い換えれば、西田の思索にはその当初から、「哲学」の立場の底には、「死の問題」という「宗教」的次元の問題がどこまでも埋め込まれて存在しているということである。さらに言えることは、（「宗教」の立場をその底に含み込む）西田の「哲学」の立場には概念化・論理化の徹底を貫こうとする思索に先立って、西田が撞着した我が子の死という痛切なる「悲哀」経験が根差しているということである。

第二節　西田の思索の出発点にあるもの

西田は、我が子の突然の死に直面し、悲嘆のどん底において「骨にも徹する痛切なる悲哀」にどこまでも打ちひしがれる中で、「『国文学史講話』の序」の末尾において次のような文章を記している。

最後に、いかなる人も我子の死といふごときに対しては、種々の迷いを起さぬものはなかろう。あれをしたらばよかった、これをしたらばよかったなど思ふて返らぬ事ながらいたずらなる後悔の念に心を悩ますのである。しかし何事も運命と諦めるよりほかはない。運命は外から働くばかりでなく内からも働く。我々の過失の背後には、不可思議の力が支配しているようである。後悔の念の起こるのは自己の力を信じ過ぎるからである。我々はかかる場合において、深く己の無力なるを知り、己を棄てて絶大の力に帰依する時、後悔の念は転じて懺悔の念となり、心は重荷をおろしたごとく、自ら救い、また死者に詫びることができる。歎異抄に『念仏はまことに浄土に生るゝ種にてやはんべるらん、また地獄に堕つべく業にてやはんべるらん、総じてもて存知せざるなり』といへる尊き信念の面影をも窺うを得て、無限の新生命に接することができる。（①420）

本節では、この文章の内容を見ていくとともに、そこに後の西田の思索における様々な概念や論理(4)、とりわけ最晩年の「宗教論」における中核概念である「逆対応」という概念のその基盤をなしているものが存することを明らかにする。

この一文を通して見出されてくることは、愛してやまない我が子の死という痛切なる「悲哀」経験に（約半年間にわたって）撞着し続ける中で、西田において悲哀の感情を伴うままに「自己の転換」という事態が生じているということである。自らの現実の生の世界において、自己の力によってはどうあがいても解決すること、脱することの出来ない「自己の如何ともしがたい」事態に撞着し続けたその果てに、西田は「自力を信じ過ぎる」自己の在り方を棄てて、「絶大の力に帰依する」「無限の新生命に接する」ことにより、後悔の念は懺悔の念となり、自らを救うとともに死者に詫びることができるという新たな自己の在り方を見出しているということである。別の言い方をすれば、自らの人生に具体的・現実的に生じた「人生の悲哀」経験にどこまでも撞着し続けたその底に（背後に）、痛切なる悲哀感情は伴い続けたまま、自らを癒し救わんとする（我々の背後に超越している）絶対無限なるものの働きに接して新たな自己を見出しているのである。さらに言えば、ここには西田が悲哀のどん底から救い取られるに先立って働いている絶対者の「先行性」、つまり我々人間に対する絶対者の「不可逆」的超越性が垣間見られるように思われる。

筆者は、この事態には、西田が最晩年に本格的に宗教の問題を取り上げた「宗教論」における「逆対応」という概念を形作る基盤となっているものが存在しているように考える。「逆対応」とは、第七章において詳しく論じるが、端的に言えば、絶対者と人間というどこまでも相反するものが相互に相対立し断絶していながら、にもかかわらず相互に自己否定的に接しているという、絶対者と人間との宗教的な関係を言い表す概念である。西田は、我々の自己存在というものを、自らが生きる現実の世界において「自己の如何ともしがたいもの（事態）」に撞着せざるを得ず、その事態を自己の力で除去し得ることはできない「自己矛盾的存在」として捉えている。そして、その撞着の事態における苦悩や悲哀から我々の自己が脱する道は、その撞着の徹底を通じて、我々の自己（の自力）の「死」という自己自身の絶対否定によって「逆対応」的に絶対者の働きに接することにおいてのみ可能であるとされている。そのような我々の自己の「死」とは、「真の懺悔においては、……それは自己の根源に対して自己を投げ出す、自己自身を棄てる、自己自身の存在を恥じるということでなければならない」（⑪407–408）として「宗教的懺悔」として捉えられている。我々の自己はこのような「宗教的懺悔」としての自己の絶対否定により、絶対者の働きに救い取られるのである。ここで言われる「絶対者」とは、「宗教論」においては、我々の自己存在の成立根拠という在り方を有した「自ら悪魔にも堕して人を救う」(⑪436)という「無限の慈悲」(⑪435)として見出されている。

先述した引用文も含め、二つの終焉記に見られる内容とは、西田が『善の研究』以前の時期に、愛するわが子との死別経験という極度に不幸なる現実に撞着する只中において、我々の自己が死して、痛切なる悲哀を感得したまま、その底に(背後に)、我々が気がつこうがつくまいが関わりなく働いてくれている絶対者の無限肯定なる働きを見出しているということである。そして、そこに「自己の転換」が生じていることである。このように二つの終焉記の内容が捉えられるとき、それは西田の最晩年の「逆対応」の概念――絶対者と人間というどこまでも相反するものが相互に相対立し断絶していながら、にもかかわらず相互に自己否定的に接しているという、絶対者と人間との宗教的な関係を言い表す概念――を形成する上での重要な基盤となっていることが見出されると考えられる。長谷正當氏はこうした点を、西田の言葉も用いながら、次のように述べている。

愛するものの現存が喪失において感じられるところに悲哀の感情がある。有るものが喪失において現存するとき、あるいは不在という形において現存するとき、その現存は超越的次元における現存である。そこに悲哀の治癒力がある。親が子を永遠に失ったということと、そのような仕方で子供が親のもとに現存するという相容れない二面が、悲哀に含まれている。後に西田が「無限に離れていて片時も離れず、常に面していて永遠に別れている」という言葉で表現したような矛盾した事態がそこにある。断絶の苦痛と繋がっている平安、傷とそれを癒すもの、という相反する二つの要素が同時に経験されているところに、悲哀の感情がある。(5)

相反する要素を内に含むという点で、悲哀は「複合感情(コンプレックス)」だと言える。しかし、長谷氏によれば、悲哀は「宗教的」とも言い得る独特なコンプレックスなのである。

一般にコンプレックスといわれる感情は内へ折れ曲がって、自らを縛っている自己閉鎖的な情念であるのに対し、悲哀はそのような自己閉鎖的なコンプレックスを溶解し、心を縛っている鎖から解き放つ方向に働く開放性を有している。そのような開放的な性格をもったコンプレックスが、宗教的感情と名付けられるものである。(6)悲哀は、「宗教的」とも言い得るような、自らの心を固く縛っている鎖から解き放つ超越的な開放性を有し、亡き人との新たな出会いを可能ならしめるものと考えられるのである。

さらに言えば、この二つの終焉記の内容は、最晩年の「宗教論」における「逆対応」の概念の基盤となっているだけではなく、本書で中心的に取り上げる西田の中・後期の思索――中期の思索における「他者」の問題であり、後期の思索における「歴史的世界における自己と物や他者との表現的関係」――の基盤ともなり得ていると考えられる(もちろん、二つの終焉記の内容だけがそれらの基盤となっているのではないが、重要な基盤の中の一つと言えるであろう)。前期の思索においては「他者」や「世界」との関わりは論理としてほとんど展開されないが、西田の人生上の経験においては、『善の研究』以前の時期に既に、最も愛するわが子が「死者」となって自らと対峙するという、いわば「(絶対の)他者としての死者」との関わりが存しているのである。(7)もっと言えば、歴史的世界において生きる自己に対して、世界からの極限的な否定的表現として臨んでくるものとの関わりが既に存しているのである。即ち、西田の思索の出発点には、最晩年の「宗教論」における思索のみならず、中・後期の思索における概念や論理の基盤となる最も具体的で現実的に生きられた経験――「深い人生の悲哀」――が存在していると言える。だからこそ、西田の哲学と宗教の生起する処は「人生の悲哀」であると言われるのである。

本書の以降の各章では、本章で考察した「西田の思索の出発点にあるもの」が各時期の西田哲学の様々な概念や論理に高められてゆく思索的展開を見ていくことにしたい。

注

（1）西田哲学における「哲学」とは、ある一つの原理（前期であれば「純粋経験」、中期であれば「場所」、後期であれば「歴史的世界」）に基づいてすべてを説明することであるが、そうした「哲学」からはみ出る側面をもその底に含み込んだ「哲学」であると思われる。そのはみ出る側面は西田の「人生の悲哀」と、さらには「哲学の終結」（⑴6）と言われる「宗教」と密接に関わるものである。「宗教」について西田は例えば「如何なる宗教にも、自己の転換と云ふことがなければならない。即ち廻心と云ふことがなければならない。これがなければ、宗教ではない」（⑾425）と言っている。「人生の悲哀」の事実に直面し、我々の従来の自己の在り方が崩壊せしめられ「自己の転換」が生じせしめられる事態に西田は「宗教」を見ている。このような「宗教」的事態は明らかに「哲学」の立場からはみ出るものである。しかし、西田は処女作『善の研究』の第四編では「宗教」を主題として取り上げ、また最後の完成論文「場所的論理と宗教的世界観」では「場所的論理」という自らの「哲学」で「宗教」を論じている。このことからもわかるように、西田の「哲学」は一つの原理ですべてを論理化する「哲学」でありながら、同時にその「哲学」とのズレを孕んだ「宗教」がその底に埋め込まれた形で展開された独特の「哲学」であると筆者は考えている。

（2）西田における愛する者との死別経験について触れた研究には、管見に入ったもので以下のものがある。浅見洋『二人称の死――西田・大拙・西谷の思想をめぐって――』（二〇〇三年、春風社）、同「西田幾多郎とM・ハイデッガーにおける『死の自覚』について――グリーフケアの視座を求めて――」（『比較思想研究』、三一号、比較思想学会、二〇〇四年、八七―九六頁）、同「グリーフケアと宗教――西田幾多郎を事例として――」（『宗教研究』、第八四巻四号、日本宗教学会、二〇一一年、一二二一―一二二三頁）、同「悲哀の救いと癒し――綱島梁川、西田幾多郎、グリーフケア――」（『比較思想研究』、三八号別冊、比較思想学会、二〇一一年、三五―三八頁）、同「グリーフケアと死者との関係について」（北陸宗教文化、二〇一二年、九一―一〇八頁）、小林敏明「断絶する今――西田幾多郎の時間論をめぐって――」（『思想』、一〇〇三号、岩波書店、二〇〇七年、九一―一一〇頁）、丹木博一「自己の消滅への場所への問い――西田幾多郎の『死の自覚』――」（G・ベルトナー、渋谷浩美編『ニヒリズムとの対話』晃洋書房、二〇〇五年、一四七―一七八頁）、同「かなしみの内なる癒し」（『グリーフケア』第四号、上智大学グリーフケア研究所、二〇一五年、七三―八九頁）、西塚俊太「人生の悲哀と『永遠の今』の歴史論の交点――西田幾多郎の死生観をめぐって――」（『死生学研究』一三号、東京大学グローバルCOEプログラム「死生学の展開と組織化」、東京大学大学院人文社会系研究科、二〇一〇年、一〇四―一二六頁）などを参照。

（3）この二つの終焉記に関する考察は、本章注2に記載の浅見洋氏の前掲論文「グリーフケアと死者との関係について」（二〇一二年）に詳しく論じられている。筆者はこの論考から大きな示唆を得たとともに、この節の記述は浅見氏の上記論考にその多くを負っている。

（4）長谷正當氏は、「西田哲学と浄土教」『欲望の哲学――浄土教世界の思索――』（法蔵館、二〇〇三年）のなかで、「逆対応」という概念は、西田の「悲哀」感情がその基礎構造をなしていることを指摘している。

（5）長谷正當・前掲著作（二〇〇三年、一二六―一二七頁、本章注4に記載）を参照。

（6）同上、一四九頁を参照。筆者が注5・6の長谷氏の文章に触れたのは丹木博一氏の著作『いのちの生成とケアリング』、「第三章セルフケアの現象学」の三節「悲しみ」（ナカニシヤ出版、二〇一六年、一八二―一九九頁）を通してであるが、氏の論考や長谷氏の文章から大切な人を亡くした時の悲哀・悲しみの有する深い意味について様々な示唆を頂いた。

（7）末木文美士氏は、「一神教と多神教――日本宗教の観点から――」（同志社大学二一世紀COEプログラム『一神教の学際的研究――文明の共存と安全保障の視点から――』研究成果報告書、同志社大学一神教学際研究センター、二〇〇七年、一六三―一七五頁）において、「自らの死という限りでは、死は哲学的な問題となり得ないけれども、そうではなくて、「他者としての死者」という観点で見られた死者の問題、つまり死者とどう関わるかということになれば、それは十分に問題にし得るし、それどころか問題にしなければならない。こうして生者と死者の関係は、生者同士の間に成り立つ倫理の世界よりももっとその根底にある問題として考えていくことが出来るのではないか。そう考えれば、死者との関わりこそ、他者問題の最も核心にあるということもできる。こうして、他者論は不可避的に死者論と密接に関わる、というか、死者論こそ他者論の中核となる」と述べている。筆者も末木氏のこの見解には強く同意する。また、末木氏は「純粋経験からの出発 西田幾多郎」『明治思想家論 近代日本の思想・再考Ⅰ』（トランスビュー、二〇一二年、二九六―三一八頁）において、『善の研究』の時期における西田の思想において「他者」が希薄であることに言及している。末木氏のその見解に対しても筆者は同意するものであるが、しかし、西田が中期の『無の自覚的限定』所収の論文「私と汝」から展開する他者論には、明確に「死者」という言葉は出てこないものの、末木氏が述べたような「他者としての死者」論が潜在的に含み込まれて存在していると考えられる。その意味で、西田の論文「私と汝」以降の他者論には、他者が希薄なのではなく、末木氏が主張するような、死者との関わりという他者論の核心ともいうべきものが潜在的に織り込まれている形で展開されていると筆者は考えている。

第二章　前期西田の思索的特徴
――「他者」「身体」「表現」「超越」の観点から――

本章では、前期西田の思索的特徴を概観し、「他者」や「身体」の問題が主題化されない前期において「他者」や「身体」（さらには「表現」、「超越」）がどのように捉えられていたのかを、主に『善の研究』や『自覚に於ける直観と反省』（一九一七年）、『芸術と道徳』（一九二三年）、さらには『働くものから見るものへ』（一九二七年）を取り上げて確認していく。また、この前期の西田の思索が、中期以降の思索における「他者」「身体」「表現」「超越」という観点に対してどのような位置を占めるのかについて論じる。さらに、前期の思索において、なぜ「他者」や「身体」、（絶対他者的な）「超越性」の側面が前面に出て来なかったのかという点についても触れてみたい。

第一節　「純粋経験」の立場

（一）『善の研究』における「他者」「身体」「表現」

前期西田哲学における思索の特徴は、「統一的或者が秩序的に分化発展」（①14）する、とか「一つの者の自家発展」（①69）という表現を用いながら、純粋経験や自覚の体系が無限に運動を展開し続けていくものであることを中心的に論じているという点に存在していると言える。本節では、前期の、とりわけ最初期の『善の研究』における思索的特徴を概観し、その上で『善の研究』では「他者」や「身体」、さらには「表現」、「超越」の問題はどのように理解されていたのかを見ていきたい。

明治四四（一九一一）年に刊行され、西田を哲学者として世に知らしめた処女作であり、前期西田哲学を代表する著作が『善の研究』である。この『善の研究』という題名であるが、この題名は当初の西田の考えとは異なり、出版社である弘道館の意向や編集にあたった紀平正美らの提案を受けて最終的に決定されたものであることが、最近明らかになってきている[1]。当初、西田は『善の研究』の題名を、「純粋経験と実在」とするつもりであったのである。そこに「純粋経験を唯一の実在としてすべてを説明して見たい」という西田の問題意識が示されていたことが見て取れる。しかし、この著作の題名を「善の研究」と変更したのは、西田自身が述べているように「哲学的研究が其前半を占め居るにも拘らず、人生の問題が中心であり、終結であると考へた故である」（①4）という理由からであり、善悪の行為に関する「人生の問題」がこの著作の中心的内容として展開されていることは見逃せない事実である。つまり、『善の研究』は「純粋経験」という概念を通して真の実在を説明し尽くす存在論的論考という特徴を有するだけでなく、その真実在と「人生の問題」が一体のものとして論じられていることに重要な特質を見出せると言える。換言すれば、西田の思想形成全体の出発点である『善の研究』から「人生の問題」をどこまでも含み込んで思索を展開しているということが言えるのである。

また、『善の研究』は書き下ろしではなく、四高教員時代（特に一九〇六―一九〇九年間）の講義草稿や発表論文がまとめられたものであり、全四編――第一編「純粋経験」、第二編「実在」、第三編「善」、第四編「宗教」――から構成される。その成立過程については、まず基礎となる第二編・第三編ができて、その後に第一篇・第四編が附加されたと言われる。こうした成立過程をより詳しく述べるなら、一九〇六年一二月より第二編「実在」、第三編「善」の原案となる冊子や論文が発行・発表され始め、それに続くかたちで一九〇七年三月に「実在に就いて」という論文が発表される。第一篇「純粋経験」の原案となる論文が発表されたのは一九〇八年六月―八月であり、第四編「宗教」の原案は一九〇七年八月に『精神界』で発表された「知と愛」（第五章）および一九〇九年五月から七月にかけて『丁

西倫理会　倫理講演集』に発表された「宗教に就いて」（第一章―第三章）と「神と世界」（第四章）である。

ここではまずは、このようにして成立した『善の研究』における思索的特徴を簡単に確認しておくことにする。『善の研究』を貫く中心概念は「純粋経験」である。純粋経験とは、「未だ主もなく客もない、知識と其対象とが全く合一して居る」（①13）最も直接的な現在意識である。さらに純粋経験は主客未分の直接経験であるだけでなく、「統一的或者が秩序的に分化発展し、其全体を実現」（①14）し、更に大なる統一を展開する自発自展態として捉えられる。その際、その無限の分化発展の根底に働く「意志」として「潜在的統一作用」（①26）が考えられている。そして、西田はこの純粋経験の概念によって、思惟・意志・知的直観などを含めた全ての実在を「まだ主客の対立なく、知情意の分離なく、単に独立自全の純活動」（①58）たる純粋経験が大なる統一に向かって無限に分化発展する「統一的或者」の自発自展として捉えていくのである。必然的に、我々の自己というものは「純粋経験は個人の上に超越することができる。個人あって経験あるにあらず、経験あって個人あるのである」（①4）というように、経験に先立つ主体ではなく、主体を超越する「純粋経験」の自発自展態の内に見出されている。

ここで問題となるのは、個的主体たる自己が純粋経験の自発自展態の中に吸収され、自己という唯一独自なる「個」が雲散霧消してしまうのではないかという点である。まず、西田が思惟と純粋経験の関係について述べている箇所から見てみると、「意識は元来一の体系である、自ら己を発展完成するのがその自然の状態である、しかもその発展の行路において種々なる体系の矛盾衝突が起ってくる、反省的思惟はこの場合に現れるのである。しかし一面より見て斯くの如く矛盾衝突するものも、他面より見れば直ちに一層大なる体系的発展の端緒である。換言すれば統一の未完の状態ともいふべき者である」（①24）と述べられている。

思惟は、一なる体系である純粋経験の発展完成過程において矛盾衝突が生じる際に現れるものと捉えられ、そこに個的主体性が見出し得る。しかし、その矛盾衝突において現出する思惟はどこまでも純粋経験の一層大なる体系的発展の端緒であると捉え返される。つまり、思惟は純粋経験から独立した異なるものではなく、統一的或者の無限の分化発展における「過程態」として純粋経験の中に含まれるものとして位置づけられる。換言すれば、純粋経験における矛盾衝突の際に見出せる思惟の個的主体性は、最終的には統一的或者の体系的発展全体の中に限りなく組み込まれ、その位置づけが不可能もしくは不明瞭になると言える。『善の研究』において、西田が真の実在と捉えた純粋経験という概念には、思惟の側面から見られたように個的主体との関係性をめぐり論理の不十分性という問題を孕んでいるのである。

以上が『善の研究』における思想的特徴だが、では、『善の研究』において「他者」はどのように理解されていたのだろうか。(2) 端的に言えば、この時期の思索において、他者論は重要な問題として位置づけられておらず、主題化されて論じられてはいない。さらに付言すれば、『善の研究』から『自覚に於ける直観と反省』（一九一七年）、『働くものから見るものへ』（一九二七年）といった西田の前期諸著作における思索においても、「他者」の問題は主題的に論じられることはなかったと言ってよい。『善の研究』においては「他者」の問題が主題的に論じられているのではなく、「主客合一」の一具体例として「他者」が出てくるといった程度に過ぎない。例えば、西田は次のように言っている。「我々が他人の喜憂に対して、全く自他の区別がなく、他人の感ずる所を直ちに自分に感じ、共に笑ひ共に泣く、この時我は他人を愛し又之を知りつゝあるのである」（①198）。この言葉からも分かるように、この時期の西田は、自他の区別がなくなった「自他合一」に至った状態においては、他者の感情が直ちに自己の感情として感じられ知られると捉えていたのである。いわば、自他合一という立場を主張することがあくまでも主であり、その立場を言い表すために他者が用いられているに過ぎないのである。

次に、この時期の思想において、「身体」はどのように捉えられているのだろうか。(3) 結論から言えば、「身体」は純粋経験という「意識の立場」において周辺的な位置づけしかなされていない。西田は主客未分の状態である純粋経験から、独立した実体としての精神（主観）や物質・身体（客観）といった考えを、ともに主客分化後の事後的で抽象的なものとみなす。ただ、こうした主客の分化という状態も、西田においては広義の意味で純粋経験として捉えられ、それは「知的直観」(4)において統合的に把握される。知的直観について考察する際に、西田は画家の制作行為における技術の熟練の場面を取り上げ、反省を経ながらも、その複雑な制作行為の背後に働く統一的作用に即して行為を為すという出来事に「知的直観」の在り方を見出し、さらにはそこに自己と実在――「主客合一、知意融合の状態」である「一の世界」――との一致を見ている。ここでは、自己と物との制作行為が論じられており、それは後に詳述するように後期の「行為的直観」の萌芽ともいえる事態であると考えられる。そこに見られる精神（主観）と物質・身体（客観）との関係性は、デカルト以来の心身二元論を、両者のどちらかに還元してしまうことなく、双方に共通する地盤を探求することを通じて捉え直されているもののように理解できる。しかしながら、『善の研究』の時期の西田においては、以下に見るように、身体はその思想上の要部となるものではなく、純粋経験という「意識の立場」において周辺的な位置づけしかなされないのである。

『善の研究』では、行為とは「其目的が明瞭に意識せられて居る動作」（①103）として意志的行為であるとされる。さらに続けて、「我々人間も肉体を具へて居るからは種々の物体的運動もあり、又反射運動、本能的動作もなすことがある」（①103）と述べられるのであるが、「無論其要部は内界の意識現象にある」（①103）と言われる。この内界の意識現象である意志に対して、西田は物体の機械的運動と有機体の目的論的動作を「外界の運動即ち動作」（①103）として一括して捉えており、そこから見出される「身体」とは単に運動する物体としてしか理解されていない。故に、意志的行為の要部は「内面的意識現象たる意志にあるのであって、外面の動作は其要部ではない」（①104）とされる。このように、行為における身体（物体）は、内面的意識現象の意志を中心とした「意識の立場」から捉えられるものであり、その立場からすれば、「身体」は周辺的な位置づけとならざるを得なかったのである。ここには後期西田の「行為的直観」に見られるような「内が外であり、外が内である」といった内と外との弁証法的な関係性を媒介する「歴史的身体」の在り方は見出されていない。初期西田の思想的特徴はやはり、内面的意識現象の意志という「内」が「外」に対して優位の立場であり、「意識の立場」なのである。これは、後期の時期に当たる一九三六年に『善の研究』の改版の「版を新たにするに当って」の中で、西田が「純粋経験」について自己批判的に述べている次の文章からも明らかである。

今日から見れば、この書の立場（『善の研究』）は意識の立場であり、心理主義的とも考へられるであろう。然非難せられても致方はない。……此書に於て直接経験の世界とか純粋経験の世界とか云ったものは、今は歴史的実在の世界と考へる様になった。行為的直観の世界、ポイエシスの世界こそ真に純粋経験の世界であるのである。

（①6-7）

このように『善の研究』の立場は（後の西田が自己批判する）「意識の立場」なのであり、その「意識の立場」から捉えられた「身体」は、西田の思想上の要部となるものではなく、その周辺的な位置に置かれることは必然的であったと言える。

次に、この時期の思索において「表現」[5]はどのように捉えられていたのであろうか。その点を端的に言い表せば、「意識統一と意識内容との関係」から「表現」は理解される。西田は純粋経験の定義を「純粋経験の直接にして純粋なる所以は……具体的意識の厳密な統一にある」（①80）と述べる一方で、それにもかかわらず「真の統一作用其者はいつも無意識である」（①80）とも言う。この「無意識と具体的意識の関係」は、「意識統一と意識内容との関係」であり、この関係性がこの時期の「表現」概念を理解する鍵となると考えられる。それでは「意識統一と意識内容との関係」とはどのような特徴を有するものなのか。先述したように、純粋経験とは主客未分の直接経験であるだけでなく、「統一的或者が秩序的に分化発展し、其全体を実現」（①14）し、更に大なる統一を展開する自発自展態として捉えられものであった。その際、その無限の分化発展の根底に働く「意志」として「統一的或者」や「潜在的統一作用」（①26）が考えられていたが、この「統一的或者」や「潜在的統一作用」がここで言われる「意識統一」のことなのである。そして「意識統一」としての「統一的或者」が秩序的に分化発展し、其全体を実現し、大なる統一に向かって無限に分化発展するものが、ここで言われる「意識内容」のことなのである。

この時期の「表現」概念を理解する鍵となる「意識統一と意識内容」との関係は、さらに『善の研究』において次のように端的に言われる。「要するに神と世界との関係は意識統一とその内容との関係である」(①191)。この一文はさらに、「世界」は「神の表現 manifestation」(①178)として捉えられる。ここでは、「神」は「意識統一」(「統一的或者」)として理解され、「世界」は「意識統一のその内容」として「神の表現」であると把握されている。このような「表現」理解から言えることは、やはり内面的意識現象の根柢に働く意志(統一的或者、意識統一等)を中心とした立場から「表現」は把握されており、その意志の内容として意識内容に現れたものが「表現」であると捉えられているということである。つまり、この時期の「表現」理解もまた「意識の立場」中心で理解されているということなのである。

(二)『善の研究』における「超越」

前節では、『善の研究』の主要概念である「純粋経験」やその概念を軸にして「他者」や「身体」、「表現」といった問題について西田がどのように捉えていたのかを見てきたが、ここでは最後に、「超越性」の観点から、『善の研究』の時期の思索的特徴を捉えていきたい。その点については、絶対者と我々人間との関係性理解を通じて理解していくこととする。その特徴を一言で言うならば、『善の研究』における中心概念は「純粋経験」であることから、絶対者と人間との関係性も「神人合一」的に捉えられ、汎神論的に理解されていると言ってよい。しかし一方で、この時期の西田の思索には、神人合一的な汎神論的理解とは異なる、「絶対他力性」という(神または仏の)絶対他者的な超越性が見られる側面も存在する。それは、一九一一年に出版の『善の研究』と同年の三カ月後に発表された随筆「愚禿親鸞」や『善の研究』の第四編「宗教」の内容に見出すことができる。また、これらの内容には、浄土真宗の親鸞思想や近代親鸞教学の清沢満之(一八六三―一九〇三)を中心とする真宗人たちの思想からの影響も見られる。ここでは、この時期の西田哲学における神人関係の中心的理解からはみ出る側面、いわば絶対他力性を有する絶対者と我々人間との関係性も存在することを見ていきたい。さらに、清沢を中心とした真宗人たちからの思想的影響[6]も触れておきたい。

まず随筆「愚禿親鸞」[7]についてであるが、このエッセーは親鸞の六五〇年忌を記念して大正学士会から発行された『宗祖観』第一巻（明治四四年四月）に掲載されたものである。ここでは冒頭から、「余は真宗の家に生れ、余の母は真宗の信者であるに拘らず[8]、余自身は真宗の信者でもなければ、また真宗について多くを知るものでもない。ただ上人が在世の時自ら愚禿と称しこの二字に重きを置かれたといふ話から、余の知る所を以て推すと、愚禿の二字は能く上人の為人を表すと共に、真宗の教義を標榜し、兼て宗教そのものの本質を示すものではなからうか」（①407）と書き始められている。西田はここで、「愚禿」の二字に、親鸞という人間が表されており、浄土真宗の教義が端的に示されていると捉えている。さらには、この二字に「宗教の本質」を見出している。

この冒頭の文章に続いて、有限な人間の「知」と「徳」を捨てる「翻身一回」のところに、「新たな生命に入る」こととしての「宗教の真髄」、つまり「宗教そのものの本質」があることが述べられる（①407）。こうした「宗教の真髄」の捉え方は、最晩年の論文「場所的論理と宗教的世界観」における宗教論にも通じていると考えられる。さらに続けて、「翻身一回、新たな生命に入る」ということは、「赤裸々たる自己の本体に立ち返り、一たび懸崖に手を撒して絶後に蘇る」ことであると言われている（①408）。こうした文章が意味するところは、我々有限的な人間がその知と徳にまつわる執着を捨て切り投げ捨て切ったところに、我々人間が気づこうが気づかまいが、そのことと全く関係なくはじめのはじめから働いている仏の「無限の慈悲」に接し、無限の新生命としての新たな自己として蘇ることであると考えられる（このことは、「『国文学史講話』の序」の末尾において西田が述べた「無限の新生命に接する」ということと通じているであろう）。さらに、西田は「翻身一回、新たな生命に入る」ということを「心霊上の事実」（①408）と述べ、こうした事実は「愚禿」という在り方により「味い得る」とする。「深く愚禿の愚禿たる所以を味ひ得たもののみ之を知ることができるのである。小人の愚禿はかくの如き意味の愚禿ではなからうか。他力といはず、自力といはず、一切の宗教は此愚禿の二字を味ふに外ならぬのである」（①408）。ここから見出せることは、西田が「愚禿」の二字に、真宗のみならず一切の宗教の本質が存在し、その「愚禿」の意味とは自力的でも他力的でもない「絶対他力」[9]にあることと捉えているということである。

このように『善の研究』と同年の随筆「愚禿親鸞」において、西田が「愚禿」の二字の意味合いを一切の宗教の本質として「絶対他力」として看取しているところに、この時期の西田の思索に、（神または仏の）絶対他者的な超越性も存在していることを見出すことができる。ただ、『善の研究』の時期以降の前期西田においては、意識的自己の内部の最も究極な奥底へと内在的に超越していく思索の徹底が目指され、絶対他者的超越性は影を潜める形となる（したがって、前期西田における「超越性」の観点からの考察は、本章の第二節と第三節では行わないこととする）。西田の思索において、このような絶対他力的・絶対他者的なともいえる超越性の特徴が再び見られ出すのは中期の『無の自覚的限定』まで待たなければならないのである。

次に、『善の研究』の第四編「宗教」の内容について見ていきたい。この第四編の中の第五章「知と愛」の原案は、先述したように一九〇八年八月刊行の『精神界』に「愛と知」と題して発表されている文章である。この『精神界』という雑誌は、近代親鸞教学の源流とも称される清沢満之が開いた私塾「浩々洞」から刊行された雑誌である。西田は『善の研究』以前の時期の若い頃から清沢の存在を意識しており[10]、一九〇二年（一月一四日）の日記に「精神界にて清沢氏の文をよみ感ずる所あり」と書き記している。また、大谷大学で行われた清沢の二三回忌の講演では、「明治の哲学界で最も尊敬すべき人物は大西祝と清沢満之である」[11]と西田は語っている。こうしたことから、西田は清沢に深い思い入れを有していたことがうかがえる。さらに、清沢だけでなく、「浩々洞」の中核的人物であった暁烏敏、多田鼎、佐々木月樵などの真宗人たちとも親交を重ねていたことも知られている。それは、西田が『善の研究』第四編の第五章「知と愛」の原案となる「愛と知」の文章の執筆を依頼され、原稿を提出したのは暁烏敏であったことからも窺い知ることができる。

こうしたことから、『善の研究』の第四編「宗教」の内容には、清沢を中心とした「浩々洞」からの思想的影響、すなわち絶対他力性の傾向が見出されると考えられる。それは、第四編「宗教」の第一章「宗教的要求」が次の言葉で書き出されている点に見て取ることができるとされている[12]。「……宗教的要求は自己に対する要求である、自己の生命に就いての要求である。我々の自己がその相対的にして有限なることを覚知すると共に、絶対無限の力に合一してこれに由りて永遠の真生命を得んと欲するの要求である」(①169)。

ここまで、随筆「愚禿親鸞」や『善の研究』第四章「宗教」の内容と、これらの内容に浄土真宗の親鸞思想や清沢満之を中心とする真宗人たちの思想からの影響を見てきたことから、『善の研究』の時期の西田の「超越性」に関する思索には、「神人合一」的な特徴を有するものだけでなく、「絶対他力性」を有する絶対者と我々人間との関係性も存在することが明らかになったと考えられるのである。

第二節 「自覚」の立場

『善の研究』の思想の可能性を引き継ぎ、その思想の内に孕む問題の克服を目指して展開され、大正六(一九一七)年に刊行されたのが、西田自ら「此書は余の思索に於ける悪戦苦闘のドッキュメントである」(②11)と述べた『自覚に於ける直観と反省』である。この著作において西田は、「主客の未だ分れない、知るものと知られるものとが一つである、現実その儘な、不断進行の意識である」(②15)直観と、「この進行の外に立って、翻って之を見た意識である」(②15)反省を内面的に結合する「自覚」の立場を提唱している。西田は自覚のあり様を次のように述べている。「自己が自己を反省する即ち之を写すといふのは、所謂経験を概念の形に於て写すといふ様に、自己を離れて自己を写すのではなく、自己の中に自己を写すのである。反省は自己の中の事実である、自己は之に因って自己に或物を加へるのである、自己の知識であると共に自己発展の作用である。真の自己同一は静的同一ではなく、動的発展である、我々の動かすべからざる個人的歴史の考は之に基くと思う」（②16）。

この引用から明らかであるように、自覚とは「自己の中に自己を写す」という働きをその特質とする。「自己が自己を反省する」ことが「自己の中に自己を写す」ことと捉えられるが、それは静的な対象的反省を意味するのではない。「自己の中に自己を写す」とは、自己の内面の中に反省的に見つめたものを写し、その写したものにより同時的に直観が作用し、写したものを新たな形で創造的に写し返していく、そのことが再び新たに自己の中に自己内反省したものを写すという働きを生じさせるという、このような過程が無限に続いていく作用なのである。「自己の中に自己を写す」という自覚の働きは、「自己を離れて自己を写す」のではなく、自己の中において反省即直観・直観即反省的に動的に働く作用が「自己発展」し「無限なる統一的発展」（②16）を生み出していくと考えられている。

こうした自覚の立場において、主客未分の現実その儘なる意識である直観の外に立って翻ってこれを見る意識である反省は、自覚の統一的発展の外に独立してある作用としてではなく、統一的発展の内部において反省即直観・直観即反省的に動的に働く作用として捉えられている。西田は自覚の立場から、反省を自覚の統一的発展の中に含み込まれる働きとして位置づけているのである。さらに附言すれば、西田は『自覚に於ける直観と反省』において、反省も含めた全ての実在を「それ自身の中に発展の動機を蔵し、自己を反省する自己の存在であり且つ発展である自覚的体系」（②165）として捉えようとしたのである。

この著作において、西田が最終的に到達したのは、無限に発展する自覚的体系そのものであると同時にその根底でもある「絶対自由の意志」こそが真の実在であるということであった。この概念を西田が言う際に影響を強く受けたのがスコトゥス・エリウゲナ（＝エリューゲナ）の神概念であった[13]。西田は「エリューゲナの創造して創造せられない神 Natura creans et non creata は、創造もせず創造もせられない神 Natura nec creata nec creans と同一である」（②279）という神概念に強い共感を抱き、その神概念を用いて「絶対自由の意志」の在りようを言い表している。「我々に最も直接なる絶対自由の意志は『創造して創造せられぬもの』creans et non creata たると共に、『創造されもせず創造しもしないもの』nec creata nec creans である。到る所に己自身の否定を含んで居る。此故に我々の精神現象は必ず一方に物体現象を伴うと考えられる」（②350）。

この引用に見られるエリウゲナの神概念について簡潔に言えば、「創造して創造せられない神」は「始原的原因」たる神としてあらゆるものを創造し、創造されたものは最終的に「原初的諸原因」たる神である「創造もせず創造もせられない神」へと還帰する。しかし「創造もせず創造もせられない神」は万物の原初なるが故に万物を創造しつつ、常に変わることなく自己自身の中に、あるいはその本性的な静止状態に安らっているという神でもあるのである。また、その神について、エリウゲナ自身が別の言葉で言い表しており、それは「きわめて真実のこととして、静にして動であり、動にして静であると言われる」神なのである。

西田はこのようなエリウゲナの神概念に依拠して、自らの自覚的体系を捉え直し次のように述べている。「真に創造的なる実在其者は、スコトゥス・エリゥーゲナの考の様に何等の必然を有せざる神の意志の如きものでなければならぬ。自覚的体系に於て当為即存在として無限の発展を考える時、即ち一つの人格的歴史を考える時、それは既に対象界に属して居る、我々はその背後に此歴史的発展を超越して而かもその基礎となる絶対的意志を考えねばならぬ」（②276）。ここでは、絶対的な「意志」が、その具体的展開たる自覚的体系であると同時にその無限の発展態をその背後で成立せしめる基礎であることを言うために、エリウゲナの神概念が用いられている。西田はエリウゲナの神概念を用いながらも、無限に発展する自覚的体系を絶対的意志という「意志」として捉えているのである。

「絶対自由の意志」は、西田が絶対的意志の概念を基にして言い表した概念である。この意味で、自覚的体系であると同時にその根底に働く「絶対自由の意志」を真の実在とする『自覚に於ける直観と反省』の思想は、『善の研究』において真の実在を統一的或者という「意志」の体系的発展に見る思想と同方向のものであると同時に、その思想をさらに精緻化し深めたものと言える。

しかしここで問題となるのは、無限に発展する自覚的体系における個的主体の位置づけの問題である。個的主体の反省という側面から考えると、確かに自覚的体系内における反省即直観・直観即反省という自覚に個的主体性を認めることができるが、それは最終的に絶対自由の意志の体系的発展の内部に含み込まれる働きとして捉え返される。換言すれば、反省即直観・直観即反省という自覚の体系的発展そのものを反省する個的主体がどこにも見出し得ないと言える。つまり、『自覚に於ける直観と反省』において、各々の個的主体は、絶対自由の意志を根底とする自覚的体系の中に組み込まれ、その位置づけが不可能もしくは不明瞭になるのである。附言すれば、『善の研究』から『自覚に於ける直観と反省』に至る西田の思索において、個的主体が統一的性質を有する「意志」の体系的発展の中に含み込まれることにより、個的主体の位置づけが明確に見出せないという共通する問題点を孕み続けている。同時に、「意志」に統一的一者なる絶対的性質を認めるが故に個的主体はその意志の体系的発展の中に含まれ、その位置づけが不明瞭になると言える。その意味で、「意志」自体のあり様にも共通の問題点を抱えていると言えるのである。

こうした問題点に関して、しかし当の西田が誰よりも自覚していたのであり、だからこそ西田の思索が悪戦苦闘を極めたと思われれるのである。それはこの著作の初版の「序」と昭和一六（一九四一）年の改版の「序」の一節から見て取れる。二点ほど引用する。「幾多の紆余曲折の後、余は遂に何等の新らしい思想も解決も得なかったと言わなければならない。刃折れ矢竭きて降を神秘の軍門に請ふたという譏を免れないかもしれない」（②11）。「真の最後の立場と云ふものが把握せられていない。従って問題は未解決のままで残されて居ると云はれても致方はない。色々の方角から最後の立場が示唆されては居るが、それが真に把握せられてそこから積極的に問題が解決せられていない」（②12–13）。西田の思索はこの後、こうした問題を解決しうる「真の最後の立場」を見出すべく独創的な展開がなされていく。

ここまで『自覚に於ける直観と反省』を中心にして、「自覚」の立場を概観したのであるが、この立場において「他者」の問題はどのように捉えられていたのであろうか。ここでは、『自覚に於ける直観と反省』において「自覚」

の立場に至った後の著作である『意識の問題』や『芸術と道徳』を取り上げ、それら諸著作における西田の他者への言及を通じて具体的に見ていきたい[14]。この時期の思索における西田の他者論の特徴を端的にいえば、『善の研究』以降は『意識の問題』(一九二〇年)や『芸術と道徳』(一九二三年)において他者に言及されはするものの、基本的には『善の研究』での他者論の延長上で捉えられているといってよい。例えば、西田は次のように述べている。「我々が真に人を知るには、之と同感せねばならぬのみならず、色を知るには色と同感せねばならぬ、音を知るには音と同感せねばならぬ。……綱渡りを見て居る人は之と共に動くと云ふ如く、我々が物を知るには先づ作用と結合せねばならぬ、而して作用との結合は感情である。……すなわち我を拡大しなければならぬ、大なる深い我が動かねばならぬ(③68–69)。ここでは、真に他者(物)を知るということは、作用との直接的な結合、すなわち「感情移入」(③68)や「共感」(③69)によって成り立つということが言われている。つまり、他者(物)は「感情移入」や「共感」によって可能となる「自他合一」、「物我一如」の立場であくまでも捉えられているのであり、その立場を言い表すために「感情移入」の対象として他者が用いられているに過ぎないのである。その意味で、この時期の思索における他者論も、「自他合一」の立場で捉えられる『善の研究』における他者論の延長上にあるものとして理解することができると考えられる。

次に、「自覚」の立場において、「身体」と「表現」はどのように捉えられていたのであろうか。その点を一言でいえば、精神性が物質性・身体性よりも優位という傾向が『善の研究』の時期の思索よりも顕著となり、身体は完全に物質性の側に位置づけられている。例えば、精神と物質(身体)の関係性について次のように述べられている。

> 我々に最も直接なる絶対自由の意志は「創造して創造されぬもの」creans et non creata たると共に、「創造されもせず創造しもしないもの」nec creata nec creans である、到る所に己自身の否定を含んで居る。此故に我々の精神現象は必ず一方に物体現象を伴うと考へられる、精神と物質との結合といふのは、一種の公準 Postulat

である。それで我々は何時でも精神と物質との両界に属すると考へられるのであるが、投射図の意味がその原形本たる原立体の影として理解せられる如く、肉体的生活の意義は精神生活にあるのである、肉体的生活は精神生活の手段に過ぎない、物質的生活に偏する文化の発展は決して真の人生の目的ではないのである。（②350）

このように『自覚に於ける直観と反省』の時期以降の前期西田の思索においては、「身体」は明確に物質現象の側に置かれ、「内」である精神現象を「外」に表現する手段として理解される傾向が強まっていくのである。さらに、「表現」という観点から言い換えるならば、「内」である（我々に最も直接なる絶対自由の意志という）精神現象が身体を通じて「外」に投射されたものとして捉えられているのである。

そのような「身体」や「表現」の理解は、『芸術と道徳』に所収の論文「美の本質」において、同様の理解をされつつ、より展開された形で見出される。西田は次のように言っている。「我々の精神作用は孰も心内の事件として已む物ではなくして、必ず肉体に於て表出を求める。表出運動は精神現象の外面的符牒ではなくして、其発展完成の状態である。精神作用と表出運動とは内面的に一つの作用である」（③268）。ここで言われていることは、（絶対自由の意志という）精神現象はそれ自身を「身体」（肉体）を用いて外に表現することをどこまでも求めるものであるということである。それだけではなく、その表出運動（表現運動）が精神現象の「発展完成」という意味を持つことが明確に示されている。つまり、我々の（絶対自由の意志という）精神作用の自己表出というものは、その内面的過程をそのまま外に表出したものではなく、「身体」を介して自己表出することにより創造的契機を帯びた発展を実現するということである。

このように、「自覚」の立場の時期における「身体」と「表現」は、『善の研究』の時期と比べると、その意味合いに変化が生じていることが見出せる。それは、『善の研究』では、「身体」は「内」である精神現象を「外」に自己表現する単なる手段として理解されていたが、「自覚」の立場の時期では、「身体」は「内」の自己表出の発展完成を実現する上での創造的契機として捉えられているということである。ここには、後期西田における「内が外であり、外が内である」といった内と外との行為的直観を可能にする身体における、「内（自己）から外へ」の側面の萌芽を見て取ることができるように思われる。しかし、この時期の思索には、行為的直観のもう一つの側面である「外から内へ」という、物（世界）から自己に働きかけられるという契機はまだ不十分なのである。「自覚」の立場の時期においては、西田はこのような形で「身体」と「表現」の問題を理解していたと言える。

第三節　「場所」の論理の立場

（一）述語となって主語とならないもの

西田の前期思想の中で非常に重要な意味を有するのが、『働くものから見るものへ』（昭和二（一九二七）年）で展開された「場所」の論理である。西田は「場所」の立場へと到達したことにより、自らの思想が大きく転換したことを『善の研究』の「版を新にするに当って」で次のように述べている。「純粋経験の立場は『自覚に於ける直観と反省』に至って、フィヒテの事行の立場を介して絶対意志の立場に進み、更に『働くものから見るものへ』の後半に於て、ギリシヤ哲学を介し、一転して『場所』の考に至った。そこに私は私の考を論理化する端緒を得たと思う」(16)。

この引用から見て取れることは、西田が「場所」の論理以前の自身の思想が孕んでいた問題点、つまり前章で見てきたように個的主体と統一的性質を有する「意志」の体系的発展との関係性における個的主体の位置づけが不明瞭になるという論理の不十分性の問題を、「場所」的転回によって「論理化」して解決しうる方途を見出したということである。では、『善の研究』以降の思想に内在していた問題点を克服するものとして生み出された「場所」の論理とは何なのか。本節では、「場所」の論理について、『働くものから見るものへ』を中心に以降の著作も含め、そこに見られる西田の言明に添って確認していくことにする。

西田が「場所」の論理構築の鍵としたのは、「序」でも述べているように「アリストテレスのヒポケーメノン即ち基体」(④4-5)の概念である。この概念を自らの独自の論理構築における鍵概念として導入したのは、アリストテレスの「基体」概念こそが真実在であるという点に西田が着目したことによる。よって場所の論理は、このアリストテレスの「基体」概念を西田が独自に概念解釈したものを基に論理構築がなされたものと言える。基体というのは、アリストテレスによれば、「他の事物はそれの述語とされるがそれ自らは決して他のなにものの述語ともされないそれ[主語そのもの]のことである」(*Met. Z.* 1028b36-37)。西田はこの定義を「何処までも主語となって述語とはならないもの」という簡潔な表現に置き換えた上で、この基体概念に場所の論理構築の鍵として、さらには個的主体と「意志」の発展的体系との関係性に存在し続ける問題を解決しうる鍵として注目したのである。

しかし、西田はこのアリストテレスの「基体」概念をそのままの形で受容したのではなく、独自の捉え方で理解する。『働くものから見るものへ』前編の論文「内部知覚について」(一九二四年)において西田は基体について次のように述べている。「何処までも主語となって述語とはならない基体というのは、限りなき述語の統一でなければならぬ、即ち無限なる判断を統一するものでなければならぬ。判断と判断とを統一するものは、判断以上のものでなければならぬ、我々の判断作用が無限に之を志向するが、之に達することのできない対象でなければならぬ。私はかかるものを直覚的と考へるのである」(④97)。西田は「主語となって述語とならないもの」である基体を、アリストテレスの基体概念のように「それ」と指し示される個物(個体)としてではなく、個物の根底にあって無限の判断を統一する「直覚的」なる事態として捉えたのである。

そして、西田により基体と理解されたこの判断以前の直覚的な事態は、それを基にした論理の構築が目指される中で明確化され、「場所」の論理の成立へとつながっていく。この際に西田が導入したのが、判断における主語と述語の包摂関係である。従来の判断論、つまりアリストテレス以来の判断論は「主語となって述語とならないもの」である基体としての主語が他のあらゆるものを属性として述語付けるものであった。換言すれば、判断とはこの基体としての主語の分節化ということであった。これに対して西田は、判断とは、主語が述語に、特殊が一般に包まれることと考える。例えば「西田幾多郎は人間である」という判断は、西田幾多郎という主語（特殊）がまずあり、それが人間という属性をもつことから成立すると考えるのではなく、人間という述語（一般）が先立ってあり、その述語に主語（西田幾多郎）が包まれているが故にこの判断が成立すると考えるのである。

ただし、西田が考える包摂関係とはこのような論理展開で終わるものではない。この述語面を無限に拡大していけるとするなら——上述の「西田幾多郎は人間である」を例に取れば、述語面である「人間」を「人間は哺乳類である」→「哺乳類は動物である」→「動物は生物である」というように無限に拡大していくと——その極限において、もはやどのような述語によっても包摂されない無限大の述語面に到達すると西田は考える。このようなあらゆる述語を超越した、無限大の述語面こそが、すべての述語を自己の内に包摂する「限りなき述語の統一」であり、「直覚的」事態そのものと考えられるのである。西田の考える包摂関係とは、無限大の述語面である直覚的事態そのものが、あらゆる述語を包み、その述語がさらに主語を包む、つまり「無限なる判断を統一する」ことと言える。

西田は、こうした判断の包摂関係を導入することにより、アリストテレスの「主語となって述語とならないもの」という「基体」概念を「何処までも述語となって主語とならないもの」と一八〇度逆転させて捉え返したのである。同時に、「述語となって主語とならないもの」において「主語となって述語とならないもの」が包まれるという新たな判断の包摂関係を生み出したとも言える。そしてこの無限大の述語面である「述語となって主語とならないもの」は後に「真の無の場所」（④271他）へと展開される。西田の「場所」の論理は、アリストテレスの基体概念や判断の包摂関係のこのような大胆な捉え返しにより成立していくのである。

（二）「働かざるもの」の自覚

西田は『働くものから見るものへ』において、基体概念を「何処までも述語となって主語とならないもの」である

「直覚的」な事態として独自に理解し、その上で無限大の述語面である直覚的事態そのものが、あらゆる述語を包み、その述語がさらに主語を包むという新たな判断の包摂関係を導き出した。では、このような述語的方向を極限まで突きつめた直覚的事態からの判断は何によって成立すると言えるのであろうか。基体としての直覚的事態からの判断成立の「論理化」は、『働くものから見るものへ』における西田の最重要課題であると同時に、それは『善の研究』の思想から内在し続けている論理の不十分性の解消という重要な意味を有しているものでもある。

西田は、直覚的事態からの判断成立を「自覚」の働きから解明しようとする。論文「内部知覚について」において、「判断といふのは、……述語となることなき基体の自覚でなければならぬ」（④129）と述べられている。先述したように、「自覚」は『自覚に於ける直観と反省』で中心的に論じられた概念であった。「自覚」の働きとは、「自己の中に自己を写す」働きとされ、自己の内に反省的に見つめたものを写し、その写したものにより同時的に直観が作用し、写したものを新たな形で写し返していくという反省即直観・直観即反省的な働きがそのまま無限に生成発展し続ける作用のことであった。この「自覚」理解をそのまま受け継ぎながら、西田は論文「内部知覚について」において次のように述べる。「自己は自己の中に自己を映すのである。自己の内容を映す鏡は亦自己自身でなければならぬ、物の上に自己の影を映すのではない」（④127）。

ここで重要なことは、この引用文中の「自己は自己の中に自己を映す」における「自己」は、『自覚に於ける直観と反省』における「自己」とは意味がずれているということである。ここでは「自己」は、先述の「述語となることなき基体」として理解される。そして「述語となることなき基体」とは、あらゆる働きの根底にあって働きを可能たらしめる「働かざるもの」と捉えられる。西田は、この基体としての「働かざるもの」について次のように述べる。「純なる作用とは尚知るものではない。働くものから知るものに進み行くには、純なる作用の背後に働かないものが認められねばならぬ。……働くものの基体は、働くと共に働かざるものでなければならぬ。而してかかるものを、我々は我々の自己に於て見るのである。我とは基体なき作用の基体である」（④121）。

この引用文から見て取れるように、基体としての「働かざるもの」が「自己」として捉えられ、「働かざるもの」である自己が、自己に於て自己を見るのである。このことから、「述語となることなき基体の自覚」とは、基体としての「働かざるもの」の自覚のことであり、「働かざるもの」である自己が、自己の中に自己を映し（自己の中に映した）自己を見ることとして理解されると言える。

このような「自覚」を、西田は、「我を超越したもの、我を包むものが我自身である」（④127–128）と表現している。ここで重要なことは、「我を超越したもの」と「我」との関係性に「包む」という場所的性格が認められることである。西田は、このような「自覚」の関係性の特質を示すために「鏡」という比喩を用いている。先に見た論文「内部知覚について」における「自己は自己の中に自己を映すのである。自己の内容を映す鏡は亦自己自身でなければならぬ、物の上に自己の影を映すのではない」という引用文中の「鏡」という比喩は、西田が「自覚」の場所的性格を示すために用いているのである。ここでは比喩である「鏡」は、鏡そのものなるものが、鏡（である自身）の中に自己の内容（影）を映し、（鏡の中に映した）自己を見ることにより、鏡は鏡の中に映した自己自身を「包む」という（比喩である）「鏡」の自覚として捉えられ、そのことにより自覚の場所的性格が言い表されていると言える。

自覚は、このように『働くものから見るものへ』において、無限に統一的発展する働きではなく、基体としての「働かざるもの」が、自己の中に自己を映し、（映した）自己を見ることにより、自己を包むという新たな包摂関係として捉え直されている。そして、判断はこのように新たに捉え直された「自覚」である「働かざるもの」の自覚を基にして成立する。つまり、基体としての直覚的事態からの判断の論理化は、このような新たな「自覚」理解により成り立つということが言える。基体としての「働かざるもの」は、後に「何処までも述語となって主語とならないもの」である直覚的事態として理解される。そして無限大の述語面たる直覚的事態からの判断とは、無限大の述語面（直覚的事態）が自らの中に自らを映し、（映した）自己を見ることにより、あらゆる述語を包み、その述語がさらに主語を包むという包摂関係で捉えられるのである。

（三）「働くもの」から「見るもの」へ

直覚的事態からの判断は、基体としての「働かざるもの」の自覚により「論理化」が成立すると考えられた。ところで、前節において、直覚的事態からの判断成立の「論理化」は、『働くものから見るものへ』における西田の最重要課題であるとともに、それは『善の研究』や『自覚に於ける直観と反省』等の前期西田の思想に内在し続ける論理の不十分性という問題点の解消に重要な意味を有していると述べた。前期西田に見られる問題点とは、先述したように統一的性質を有する「意志」の体系的発展と個的主体の関係性において、個的主体の位置づけが不明瞭になるということ、さらにはその原因が「意志」が統一的発展の性質を有することにも由来するというものであった。

では、『働くものから見るものへ』において新たに捉えられた「自覚」理解から、こうした「意志」概念と個的主体との関係性はどのように捉えられるのであろうか。まずは「意志」概念の方から見ていくことにする。前期思想における「意志」は、『善の研究』では「統一的或者」等の概念で言い表され、『自覚に於ける直観と反省』では「絶対自由の意志」として理解された。「絶対自由の意志」は、スコトゥス・エリウゲナの神概念に西田が強い影響を受けて辿り着いた概念であり、それは意識界に属して無限に発展する自覚的体系であると同時に、その体系的発展をその背後で成立せしめる基礎であった。しかし「絶対自由の意志」概念には個的主体との関係性をめぐる論理の不十分性の問題が内在し、その問題の克服のために西田が見出したのが、先に見た西田独自の「基体」概念、つまり基体としての「働かざるもの」であった。そして直覚的事態からの判断成立の「論理化」は、「自覚」を中核概念として展開され、基体としての「働かざるもの」の自覚という「自覚」の新たな捉え直しによって成立するに及んだのであった。このように西田がアリストテレスの「基体」概念を独自に理解し、その「基体」理解を基にして「自覚」を捉え直す際に着目したと考えられるのが、スコトゥス・エリウゲナの神概念である。先に見たように、エリウゲナの神概念は「絶対自由の意志」の概念形成において西田に強い影響を与えたものであった。

そのエリウゲナの神概念が西田による独自な「基体」理解の際に、改めてどのように捉えられたのだろうか。『働くものから見るものへ』前編の論文「表現作用」(一九二五年)において西田は、「意識の統一」の根底に「創造もせない創造せられもせないというスコトゥス・エリューゲナの第四の立場の如きものがなければならぬ」ということを主張した後、次のように述べる。「従来、意識統一といふものが考えられる場合、或一つの中心といふ如きものが考えられ、更に進んで連続的なる一つの創造作用といふ如きものが考えられた。併しかかる創造作用といふ如きものは、尚見られた影に過ぎない。かかる創造作用の成立するには、創造せられもせない、又創造しもせないものがなければならぬ、即ち創造作用の基体となるものがなければならぬ。形あるものは形なきものの影といふことができる、影なき空間に於て無限の形が成立するのである。自己自身によって発展する無限の活動と考へられる我々の自己の根柢には、生じて生ぜず動いて動かざるものがなければならぬ、之によって我々の意識統一が成立するのである」(④154-155)。

この引用が示すように、西田は「基体」概念を、エリウゲナの「創造されもせず創造しもしないもの[15]」という神概念の如きものと捉え、意識のあらゆる創造作用をしながらも、自らは常に変わることなく自己自身の中に、あるいはその本性的な静止状態に安らっているものと理解している。この意味での「基体」概念を、エリウゲナ自身の言葉で言い換えれば、「きわめて真実のこととして、静にして動であり、動にして静である」神なのである。それは、いわば「動静の静」なる神と考えられる。そして、この「創造されもせず創造しもしないもの」が「基体」として西田に理解されたものが、基体としての「働かざるもの」なのである。

このような新たな「基体」理解に見られる特徴は、エリウゲナの「創造されもせず創造しもしないもの」の「動静の静」なる側面にどこまでも西田が着目した点にある[16]。そして、その点こそが『自覚に於ける直観と反省』における「絶対自由の意志」に見られるエリウゲナの神概念理解と異なる点でもあると言える。この「基体」理解によって、「絶対自由の意志」という「意志」概念の位置づけに変化が生じる。つまり、無限に発展する自覚的体系であると同時にその根源的統一作用である「意志」は、もはやあらゆる実在の根源的基礎の立場を喪失し、「見られた影」として「見られるもの」に過ぎなくなるのである。

それに対して「見るもの」となるのが、この新たな「基体」理解を基にした「働かざるもの」である。基体としての「働かざるもの」が、自己の中に自己を映し、（映された「働かざるもの」である）自己を「見る」。「意志」は、「見るもの」である「働かざるもの」の中に映された「見られるもの」「見られた影」となるのであり、翻って言えば、「見るもの」である「働かざるもの」が自己の中に自己を映す自覚の一作用として「意志」は位置づけられる。西田はまさにこのことを『働くものから見るものへ』の「序」で「私の直観というものは……有るもの働くもののすべてを、自ら無にして自己の中に自己を映すものの影と見るのである」(④5)と言い表している。『働くものから見るものへ』における新たな「基体」理解は、西田が同著の「序」で述べているように（「意志」を実在とする）「主意主義」から、（「見るもの」である「働かざるもの」を実在とする）「直観主義」への転換に結びついたと言える。『働くものから見るものへ』という著作の題名は、この転換を指し示していると考えられるのであり、この著作において一貫して追求した「場所」の論理の特徴そのものと言えるのである。

（四）真の無の場所

「場所」の論理の成立に向けて西田が目指したことは、『働くものから見るものへ』の「序」で「すべてのものの根柢に見るものなくして見るものという如きものを考えたいと思う」(④5-6)という言葉にあるように、「主意主義」から「直観主義」への転換であり、その転換は新たな「基体」理解を通して結実された。そして先述したように、その独自の「基体」理解には、アリストテレスの「基体」概念を西田が論理構築における鍵概念として導入したことが重要な背景としてあった。しかし先に論じたように、西田はアリストテレスの「基体」概念を導入しながらも、アリストテレスの「基体」理解を一八〇度逆転させた形で独自の「基体」概念を生み出したのであった。そのことが、西田が自らの思想を表現する際に、アリストテレスの「基体」ではなく「場所」という概念を用いることにつながったと考えられる。

西田は、新たな「基体」概念としての「場所」を、アリストテレスの「基体」概念のような主語的な「有」ではなく、「無」であるとする。ただし、真の「無」はあらゆる「有」に対立する相対的「無」（④243他）や対立的「無」（④220他）としての「無」ではなく、「有と無とを包むもの」（④218）であり、「有無の成立する場所」（④218）とされる。さらに、そのような真の「無」は次のような性格も有するものとして述べられている。「自己の中に無限に自己を映し行くもの、自己自身は無にして無限の有を含むものが、真の我として之において所謂主客の対立が成立するのである。此者は同といふこともできない、異といふこともできない、有とも無とも言へない、所謂論理的形式によって限定することのできない、却って論理的形式をも成立せしめる場所である」（④213）。

この引用文における（真の）「無」は、自己の中に無限に自己を映すことにより、（映された「無」である）「無限の有」を自己として見るものである。「無」は「見るもの」なのであり、「見るもの」であることが「真の我」とされる。このことは、翻って言えば、真の主体たる自己は「無」であり「見るもの」として位置づけられるということである。そして「無」が「見るもの」であるということから、「無」は基体としての「働かざるもの」のことであり、判断における包摂関係を成立せしめる「何処までも述語となって主語とならないもの」のことであると言える。

（真の）「無」とは、あらゆる働きや相対的有無、主語述語の包摂関係を超越し、それら全てを包むものである。同時に「無」が自己の中に自己を映していくことにより、それら全てを成立せしめるものと言える。つまり、（真の）「無」とは西田の新たな「基体」概念そのものであり、「真の無の場所」とはその新たな「基体」概念を西田独自の言葉で言い表した概念であると言える。

ここまで「場所」の論理について見てきたが、「場所」以前の思想と異なる点は、「意志」を実在と考える立場から、そのような「意志」をも自己の内に映して、これを「見るもの」である「真の無の場所」が真の実在であり真の自己と考える立場に転じた点である。そして、この点に「場所」の論理以前の思想に内在し続けた「意志」と個的主体の関係性における論理の不十分性――個的主体が統一的性質を有する「意志」の体系的発展の中に含み込まれることにより、個的主体の位置づけが不明瞭になる――という問題点を解消する方途も見出せると考えられる。なぜなら個的主体としての自己（「有るもの」、主語的な「有」）は、「場所」の論理――「私の直観というものは……有るもの働くもののすべてを、自ら無にして自己の中に自己を映すものの影と見る」――の中ではもはや「意志」の中に含み込まれる不明瞭な位置づけではなくなり、場所的存在とされることにより、（真の）「無」が自己の中に自己を映すものの「映された形あるもの」（「見られた影」）として、その存在そのものが「場所」の論理において明瞭に位置づけられているからである。しかし一方で、「場所」の論理は次章で見るように、その論理化の成立の故に多くの人間からの批判に直面し、場所的存在とされた自己への問いが逆に先鋭化して浮き彫りにされるという課題を含むものでもあったのである。

以上のように、『働くものから見るものへ』において成立した「場所」の論理を概観してきたのであるが、最後に、この「場所」の論理の立場において「他者」や「身体」、「表現」はどのように捉えられているのかについて触れておく。

まずは、「他者」の問題から見ていきたい。その点について端的に言うなら、「場所」の論理でも、他者の問題が主題化されることはなかったと言ってよい。「場所」は、それ自身は無にして自己の中に無限に自己を映し行くもの、という「自覚」的立場から捉えられている。つまり「場所」は、それ自身は（もはや限定されることのない）無であり、（見られた自己ではなく）見るものとして、自己の中に無限に自己を映し行くものとして、「真の自己」とされる。「場所」の論理における他者とは、「見るもの」である「場所」（真の自己）が自己の中に自己を映し出しているもの（影）として捉えられる。言い換えれば、他者は「場所」の論理の中に包み込まれており、そこに「他者」の問題が主題化される必要性はなかったに等しい。その「場所」論は、さらに中期の著作『一般者の自覚的体系』（一九三〇年）において「絶対無の場所」を根幹とした体系化が目指されるのであるが、その著作においても、他者論は前期以降の他者理解の展開と大きな変化はないものと考えられる。

例えば、『一般者の自覚的体系』の中の論文「自覚的一般者に於いてあるもの及びそれとその背後にあるものとの関係」において、次のように言われている。「自他直ちに相接し、他人の喜を喜び、他人の悲を悲しむ」(⑤310)。この言葉の内容は、ここまで見てきた前期西田の他者論に通じるものとして理解できると考えられる。しかし、西田の思索における他者論は中期の『無の自覚的限定』、とりわけその第八論文「私と汝」において、前期西田に見られた「自他合一」の立場を基軸とした他者理解からはみ出る形で他者論が展開されるのである。そこに西田哲学における他者論の転換点を見出すことができると筆者は考えている。その点については次章で詳しく論じたい。

次に「場所」の論理において、「身体」と「表現」はどのように捉えられているであろうか。ここでは『働くものから見るものへ』の第5論文「表現作用」を通じて、その点を見ていきたい。論文「表現作用」においては、前節で触れた「自覚」の立場における「表現」理解よりも深まった形で捉えられている。それは端的に言えば、表現はもはや(絶対自由の意志という)意識作用の自己表出ではなく、意識作用の「根柢」から現れてくる作用でとして理解されているということである。西田はその点について次のように言っている。「表現作用に於ては、意識の中心は意識的自己から超意識的自己に移り、所謂意識作用は却って身体の上に映されたる影像となるのである」(④161)。つまり、表現とは「真の無」である「見るもの」(超意識的自己)が自己自身を自己の中に映すという、意識作用の「根柢」の立場からの自己表出という理解へと深化しているのである。さらに、このような「表現」は「自覚其者をも否定した立場」、すなわち「意志否定の立場」である「自覚の最も深き根柢」から自己そのものを自己の中に映し、自己を「対象化」することであると捉えられ、西田はそのことを「直観」の立場として理解している。

こうした「表現」理解の深化に従って、「身体」の働きの意味合いも変容している点が見出される。「自覚」の立場においては、身体は意識作用を自らを通じて外に自己表出する働きであったが、「場所」の論理においては、身体は意識作用の「根柢」(「無」である「見るもの」)の影像を自らの上に映しだすものとして理解されているのである。

このように「場所」の論理から捉えられた「身体」と「表現」は、「自覚」の立場から深化して理解されていることが見出せる。ここで、「純粋経験」の立場から「自覚」の立場までを「意識の立場」とし、「場所」の論理の立場は「意識内在の立場」と言い表せるとするならば、「場所」の論理における「身体」と「表現」の理解は、「意識の立場」を超えて「意識内在の立場」から捉えられたものとして把握できるものと考えられる。

ここまで前期西田の思索的特徴を概観するとともに、（中期以降の西田の思索において主題化される）「他者」「身体」「表現」「超越」という問題が、前期西田ではどのように捉えられていたのかを確認してきた。ここで少し考えたいのは、前章で触れたように、西田には『善の研究』以前の時期に、既に「他者」性や（神または仏の）絶対他者的な「超越」性の問題を思索展開する基盤が存在していたにもかかわらず、なぜ、ここまでそれらの問題は主題的に論じられてこなかったのかということである。

それは西田自身が晩年に自らの思索に「背後に禅的なもの」（新㉓73）があることを認めているように、『善の研究』以前の時期から熱烈に参禅修行して得た禅体験が西田にはあり、とりわけ前期の思索においては、それが自身の思想展開における基盤の前面に存在していたからであると考えられる。従って、その禅体験を基盤として概念化・論理化へと進むと、自ずとその思索は自己の意識内部の底へ底へと追及され、その究極の奥底である「真の無の場所」「絶対無の場所」に真実在、真の自己を見出した立場から自己や他者は包摂される形で把握されていく。いわば、「絶対無の場所」において自他合一的に自己と他者は捉えられていると考えられ、そこに「他者」の問題が真に主題化される必要性はなかったといえる。同時に、そのような他者理解の元では、中期以降の西田の「身体」理解に見られるような、自己と他者、自己と世界における「断絶面」（であると同時に「結合面」）の原理としての身体性も重要な問題として取り上げられる必然性はなかったと考えられる。さらに言えば、そのような自己と他者（世界）との「非連続の連続（断絶の結合）」を保証する身体性が生じてこない限り、中期以降の思索において強調される「内が外であり、外が内である」という「内」と「外」との矛盾的自己同一な関係性も出てこない。それ故に、前期の「表現」理解では、

「内」（の根柢）からの身体を通じた「外」への自己表出といった、「内」（の根柢）から「外」への自己表出という一方向の「表現」理解が中心的になったのだと考えられる。

このように前期の思索に置ける中心的な特徴は、「内」（の根柢）に真実在、真の自己を見出し、「内」（の根柢）の立場から自己や他者、さらには身体、表現を捉えられていく性質を有していた。それが故に、絶対者と我々人間の関係性に関わる「超越性」の理解も、いわば「自己が絶対無となり、絶対無が自己となる」という仏我一如的・神人合一的把握となり、そこに、絶対他者的な超越性を有する神（または仏）に我々人間が対する（接する）という関係性は前面には出てこなかったのだと考えられる。本書の以降の各章において論じるように、中期の『無の自覚的限定』以降の思索に、我々人間に先立って働く「不可逆」的超越性を有する絶対者との関わりが生じてくるのは、もはや「絶対無の場所」「絶対無の自覚」に包摂し切ることができない「非合理的なるもの」としての他者が、西田の思索における中心的な問題として現れてくるからである。そのような他者によって自己がどこまでも絶対否定される局面においては、もはや自己が「絶対無の自覚」に至るという自力的立場からでは如何ともしがたき状態となり、そこにおいて、『善の研究』以前の時期から存在し、前期西田の思索においては後景に位置していた、我々人間に先立って働いている絶対他者的な超越者との関わりが生じてくるものと考えられるのである。

以降の各章では、ここまで見てきた前期の思索的特徴とは異なりはみ出る側面が、「他者」や「身体」さらには「表現」、「超越」の問題において生じてくる。そのような西田の思索の転換が見られる『無の自覚的限定』以降の思想的展開を詳しく論じていくこととしたい。

注

（1）『善の研究』の書名変更や諸編の成立過程などについては、『善の研究』（岩波書店、二〇一二年）の「解説」に藤田正勝氏により詳しく記されている、

（2）『善の研究』における他者論の特徴について、以下の論考の中で言及されている。熊谷征一郎「西田他者論における展開――共感的一致から応答的結びつきへ――」（『西田哲学会年報』第二号、二〇〇五年、一二八―一四二頁）や同「西田哲学における他者の隔絶性―レヴィナスとの比較において」（『日本の哲学』第六号、昭和堂、二〇〇五年a、七九―九二頁）を参照。

（3）初期西田哲学の身体論をその論考の中の一部において論じているものとして、横山太郎「日本的身体論の形成――「京都学派」を中心として――」（東京大学二一世紀COE共生のための国際哲学交流センター編『UTCP研究論集』第二号、二〇〇五年、二九―四四頁）を参照。『善の研究』における身体論を考察するに当たり、筆者はこの論考から様々な示唆を得た。

（4）西田は『善の研究』の中で、「知的直観」について次のように述べている。「真の知的直観とは純粋経験に於ける統一作用其者である、生命の捕捉である、即ち技術の骨の如き者、一層深く云へば美術の精神の如き者がそれである。例へば画家の興来たり筆自ら動く様に複雑なる作用の背後に統一的或者が働いて居る。……この一物の会得が知的直観であって、而もかゝる直覚は独り高尚なる芸術の場合のみではなく、すべて我々の熟練せる行動に於ても見る所の極めて普通の現象である。普通の心理学は単に習慣であるとか。有機的作用であるとかいふであらうが、純粋経験説の立場から見れば、こは実に主客合一、知意融合の状態である。物我相忘じ、物が我を動かすのでもなく、我が物を動かすのでもない、たゞ一の世界、一の光景があるのみである」（①43）。

（5）前期の『善の研究』から中期にかけての西田の「表現」概念について詳細に論じたものとして、森哲郎「西田幾多郎の「表現」思想」（『理想』六八一号、二〇〇八年、理想社、七一―八四頁）を参照。

（6）西田が清沢を中心とした真宗人たちから受けた思想的影響を論じたものとして、藤田正勝「清沢満之と西田幾多郎」（『清沢満之――その人と思想――』、法藏館、二〇〇二年）がある。氏はこの論考の中で、「西田の思想形成に対して清沢がもった意味は決して小さくはない」（一二〇頁）との見解を示している。また、近年の研究では、山本伸裕「清沢満之のインパクト」（『清沢満之と日本近現代思想』、明石書店、二〇一〇年）や名和達宣「西田幾多郎と浩々洞――「宗教論」の成立背景――」（『場所』第一四号、西田哲学研究会、二〇一四年、一〇一―一一六頁）がある。

（7）随筆「愚禿親鸞」の内容を理解するにあたり、様々に示唆を受けた論考として、岡田勝明「一人がためなりけり――西田幾多郎と愚禿親鸞――」（西田哲学研究会編『場所』第一〇号、二〇一一年、一一―三〇頁）がある。

（8）親鸞は一二〇七年に法然教団弾圧により、法然ら八人とともに流罪となった。彼は越後の国府へと追放され、それ以降、自らを「愚禿釈親鸞」と名のったことが知られている。

（9）随筆「愚禿親鸞」の後半において、西田は「愚禿」の二字の意味について次のように述べる。「愚禿の二字は真宗に限った訳でもない様であるが、真宗は特に此方面に着目した宗教である。愚人、悪人を正因とした宗教である。同じく愛を主とした他力宗であつても、猶太教から出た基督教は尚、正義の観念が強く、いくらか罪を責むるといふ趣があるが、真宗は之と違ひ絶対的愛、絶対的他力の宗教である」(①408)。この文章に続いて、「真宗の本旨」は、神にどこまでも背くいかなる悪人であろうとも、「弥陀はたゞ汝の為に粉骨砕身せりといって、之を迎へられる」ところにあると言われている。キリスト教の「絶対的愛」を弥陀の無限の慈悲の働きから捉え直した上で、キリスト教も含めて、「絶対他力」に一切の宗教の本質があり、真宗の教義の根本があることを主張している。

(10) 明治期の知識人の間では、清沢というのは、相当に大きな存在であった。そのことは先に見た、西田と同郷の友人でもあった国文学者の藤岡作太郎が、一九〇八年に出版している『国文学史講話』(東京開成館)の中で次のように述べていることからも推察することができる。「当時、思想界の雄を以て目せられりしは大西祝と清沢満之なり、明治の哲学、明治の宗教をいふものは必ずこの二人の名を逸すべからず」(四三四—四三五頁)。

(11) 務台理作編『西田幾多郎(その人と学)』(大東出版社、一九四八年、六七頁)。

(12) 山本伸裕・前掲著作(二〇一〇年、一四九頁、本章注6に記載)を参照。

(13) 西田の「自覚」の立場や「場所」の論理とスコトゥス・エリウゲナの思想との関わりを論じたものとして、以下の論考がある。藤田正勝「語りえないものとしての神」(長谷正當・細谷昌志編『宗教の根源性と現代』第二巻、晃洋書房、二〇〇一年、一〇一—一一六頁)、同「場所——根柢からの思惟」(『西田幾多郎の思索世界——純粋経験から世界認識へ』、岩波書店、二〇一一年、七五—九六頁)、井上克人「西田哲学の論理的基盤——〈体・用〉論の視座から——」(『〈時〉と〈鏡〉超越的覆蔵性の哲学——道元・西田・大拙・ハイデガーの思索をめぐって——』、関西大学出版会、二〇一五年、三〇七—三一七頁)。

(14) 前期西田のこれらの著作の他者論の特徴について、熊谷征一郎・前掲論文(二〇〇五年、二〇〇五年a、本章・注2に記載)を参照。

(15) エリウゲナは『自然区分論』において、神とすべての被造物を含めて「自然(フュシス)」と呼んで、それを至高の神の創造から始まって、人間の認識を通して神に帰一するに至る四段階の運動として捉えた。四つの区分とは、「創造して創造せられないもの(第一原因としての神)」、「創造され創造する存在(イデア)」、「創造され創造しない存在(物質的自然)」、「創造されもせず創造しもしない存在」のこと。

(16) この点についての理解は、本章注13に記載の藤田正勝氏の前掲論考(二〇〇一年、二〇一一年)から筆者は多くの示唆を得た。

第三章　中期西田における「他者」と「超越」

――論文「私と汝」を中心に――

西田哲学は従来、前期の処女作『善の研究』の中心概念である「純粋経験」の文脈の中にその後の西田の思索も位置づける立場で理解されることが多い。しかし、西田の思索には中期における『無の自覚的限定』（一九三二年）所収の論文「私と汝」以降、純粋経験の文脈からは明らかにはみ出ている側面が存在している。それは端的に言えば、「主客未分」「自他合一」「神人合一」を主とする純粋経験の文脈上では捉え尽くせない「他者性」や、我々の自己に先立って働く絶対者の自己否定の「先行性」、つまり我々人間に対する絶対者の自己否定の「不可逆」的超越性が、論文「私と汝」において次第に見出されてくるということである。従来の西田哲学研究において、『無の自覚的限定』や論文「私と汝」における「他者」と「超越」の問題をこのように捉える研究は極めて少数であると思われる。(2)

本章では、この点に関する考察を中核に据えながら、『無の自覚的限定』における「他者」と「超越」という両概念に関する理解の変遷を追っていく。その際に注意しなければならないのは、この時期から展開される他者論は、西田独特の時間論と相即する形で論じられるということである。その点に留意しながら、論文「私と汝」を中心的に扱いながら、西田の「他者」と「超越」の把握には、上述したように純粋経験の文脈からはみ出ている側面が存在することを明らかにしたい。

第一節　「西田哲学」への批判

前章で見たように、『働くものから見るものへ』において「場所」の立場を確立したことにより、西田の思想はその時期を境に日本の思想界の中で賞賛とともに様々な批評や批判の対象となりうるものとなった。『働くものから見るものへ』に収められた論文「場所」が発表された一九二六年に、左右田喜一郎が雑誌『哲学研究』に論文「西田哲学の方法に就いて——西田博士の教えを乞う——」を発表し、その中で西田の思想の成熟を認めた上で、その思想を西田の名前を冠した「西田哲学」と呼んだのであった。左右田は西田の思想をこのように賞賛しつつ、同時に新カント学派の立場から西田の哲学に容赦のない批判も行っている。

西田への批判は、左右田だけではなく、当時隆盛を誇ったマルクス思想の影響を受けた戸坂潤[3]らの弟子達や、京都大学の哲学講座を西田から引き継いだ田辺元[4]からも行われた。彼らの批判は、西田が『働くものから見るものへ』を基に展開した『一般者の自覚的体系』（一九三〇（昭和五）年）、『無の自覚的限定』（一九三二（昭和七）年）における「絶対無の場所」に関わることであった。とりわけ、田辺元の西田哲学に対する批判は厳しいものであった。田辺が特に批判した点は、西田が「絶対無の自覚」という宗教的体験を絶対的な哲学原理として立て、そこからすべてを体系化しようとしたこと、さらには現実および現実の中にある非合理性が西田において無視されている点を指摘し、現実社会の中の非合理性は、「絶対無の自覚」というものが問題にされるところでは、自覚の不十分性に帰せられ、そのような非合理性が意味を持たないような境地に至ることが求められる。しかし、現実の中に存在する非合理性を「絶対無の自覚」の不十分性に帰するだけでは、その真の解決にならないのではないか、という批判であった。

西田哲学に向けられた様々な批判に見られる中心的内容は、我々がそこに関わり生きている現実世界やそこに存在する様々な「非合理性」の問題が、西田の「絶対無の自覚」を根本的原理とする哲学では真に問題とはならないのではないかというものである。西田はこれらの批判に対して直接的に答えることはしなかったが、田辺をはじめとした多くの批判を正面から重く受け止め、他者や歴史、現実世界等の問題を自らの哲学体系の内に取り入れることを重要な課題とし、その克服を通して自身の思想の新たな発展へと結びつけていく。そのことにより西田に生じた大きな思想的変化とは、現実世界の中に存在する「非合理性」はもはや「絶対無の自覚」においても包摂できるものではなく、現実世界に生きる自己存在の成立にとって根本的意義を有する実在として迫り来るものと捉え直したことであると考えられる。

西田の思索は、『一般者の自覚的限定』の次の著作『無の自覚的限定』（一九三二年）、とりわけその第八論文「私と汝」（一九三二年）を契機として思想的転換が遂げられていく。中期から後期にかけての西田の思索において特徴的なのは、自己の意識の内面的方向にのみ徹底して展開されていた「場所」論の立場から、他者や歴史、現実世界等の問題を重く受け止め、「社会的・歴史的世界」（⑥9）を強調する立場を打ち出していることである。その「非合理性」の問題は、自己にとって真に「独立するもの」（⑥415）、「外にあるもの」（⑥415）、「真に客観的と考えられるもの」（⑦5）に求められていく。『無の自覚的限定』では「非合理的なるもの」は、より具体的には第八論文「私と汝」において、他人の人格としての「汝」に「非合理的なるもの」が位置付けられ論じられていく。ただ、先述したように、西田の他者論は、西田が独特に捉える時間論と相即する形で論じられる。したがって、まずは『無の自覚的限定』における西田の時間論から見ていくことにしたい。

第二節　永遠の今の自己限定
――「生死」から「死生」への転回――

(一) 永遠の今

本節では、『無の自覚的限定』において「絶対無の場所」を時間的視点から捉え直した「永遠の今」の自己限定として「時」が成立すること、そしてその成立過程には他者論が相即する形で論じられていることを西田の論述に即して見ていくことにする。そのために、まず『働くものから見るものへ』において成立した「真の無の場所」の概念が、次の著作『一般者の自覚的体系』において「絶対無の場所」とその自己限定である様々な「一般者」へと体系的に展開されることを示す。その上で、その「絶対無の場所」の自己限定の論理が「永遠の今の自己限定」として時が成立するという論理と結びけられる思索的展開を見ていきたい。

『一般者の自覚的体系』における西田の思索において、「一般者」は当初、「判断的一般者」から「自覚的一般者」を経て、「叡智的一般者」に至るとされ、これら全ての一般者を超越した最も深い底にあるものとして、「真に最後のものを包む」(⑤180)とされる「絶対無の場所」(⑤180他)が見出される。しかし、論が展開するに従って、「真の無の場所」である「絶対無の場所」を言い表していく中で、「叡智的一般者」よりさらに深い底にあるものとして「行為的一般者」、「表現的一般者」が考え出され、最終的に「判断的一般者」・「推論式的一般者」・「自覚的一般者」・「叡智的一般者」・「行為的一般者」・「表現的一般者」という一般者の階層と、それらの一般者を超越した最も深い底にある「絶対無の場所」(「真の無の場所」)という構造が示される。

この「絶対無の場所」について、西田は「絶対無の場所にあるものに至っては、もはや之について何事も云うことはできない、全然我々の概念的知識の立場を超えたものである、言語を絶し思慮を絶した神秘的直観の世界と云うの外はない」（⑤180）と述べている。この意味で「絶対無の場所」は、前章で見た「真の無の場所」のあり方と軌を一にするものである。「絶対無の場所」や「真の無の場所」は、このように言語や有無相対を絶したあり方をしているものなのであり、そしてそれらが求められていく過程において、上に見た様々な一般者が成立していくことになると言える。

同時に「真の無の場所」は、「（それ自身は）無にして見るもの」が自己の中に無限に自己を映すことにより、自己を見るものであった。「無にして見るもの」の立場から逆向きにこの過程を捉えると、「真の無の場所」が自己の中に自己を映して行くことが、様々な一般者を次々に成立せしめる過程となっているのである。西田はこの過程自体を「場所が場所自身を限定する」（⑤307）と言い表し、「絶対無の場所」の自己限定として捉えている。このような自己限定は、「無にして見るもの」が（自己の中に映した）自己を限定することであり、「絶対無の場所」・「真の無の場所」自体の自覚そのものであると言え、その意味で「自覚的限定」（⑤434）とされる。

この「絶対無の場所」の自己限定の論理が、西田によって「永遠の今」の自己限定として時が成立するという論理と結びつけて展開されていくのである。その点について西田は次のように述べている。

> 限定せられた一般者の自己限定として時といふものが考えられるのではない。対象界の自己限定としては時といふものは考えられない。時は無にして自己自身を限定する一般者の自己限定として考へられねばならない。而もかかる意味に於て絶対時といふものが限定せられるといふことは我我が瞬間の底に瞬間を掴むといふことでなければならない、掴むことのできない瞬間を掴むといふことでなければならない。（⑥189）

この引用に見られる「無にして自己自身を限定する一般者の自己限定」（絶対無の場所の自己限定）として「時」が成立するということが、西田によって「永遠の今の自己限定」と言い表されているものである。つまり「永遠の今の自己限定」とは、「無にして自己自身を限定する一般者の自己限定（絶対無の場所の自己限定）」という概念が時間論的視点から捉え直されたものであり、その「永遠の今の自己限定」として「時」が成立するとされるのである。言い換えれば、「時を超越したもの」――時間を超えた時間の成立の根源的なるもの――からいかに「時」が成立するのかという問題を、「無にして自己自身を限定する一般者の自己限定（絶対無の自己限定）」から考えようとする際に、「絶対無の自己限定」が時間論的に言い表わされたものが「永遠の今の自己限定」なのである。

では、その「永遠の今」とは何を意味するものなのであろうか。西田はその点について、『無の自覚的限定』の第四論文「永遠の今の自己限定」において、中世ドイツのキリスト教神学者・神秘主義者のマイスター・エックハルトの言葉を要約引用しながら次のように述べる。

聖パウロスの「時が完了せられた時、神が彼の息子を送った」という語に対し、……マイステル・エックハルトの云ふには、時の完了といふのは……時及び幾千年かの間、時に於て起った又起るであらうものを、現在の一瞬に引寄せることができれば、それが時の完了といふものである。それが永遠の今といふものであつて、そこに於て私が今物を見、音を聞く如く、新に鮮かに万物を神に於て知ると云ふことができるのである（Meister Eckhart, Von der Vollendung der Zeit）(5)。……永遠の今 nunc aeternum と考へられるものは、エックハルトの云ふ如く無限の過去と無限の未来とが現在の一点に於て消されると考へられるものでなければならない。神は創造の始の日の如く今も尚世界を創造しつゝあり、時はいつも新に、いつも始まるという意味でなければならない。（傍点筆者、⑥ 181）

ここで言われるパウロの言葉「時が完了せられた時、神が彼の息子を送った」(6)とはイエス・キリストにおける神の受肉の出来事を言い表したものである。そして、この言葉の中の「時の完了」という語がここでは「永遠の今」のことであると言われている。この「時の完了」という語に対し、西田によればエックハルトは二つの側面を同時に言い表しているとされる。それは、時の完了とは「無限の過去と無限の未来を「現在の一瞬に引き寄せること」であると同時に、「無限の過去と無限の未来とが現在の一点に於て消されると考えられるもの」であるということである。

では「永遠の今」ということを「時の完了」を手がかりにして考えていくに当たり、まず、後者の「無限の過去と無限の未来とが現在の一点に於て消される」とは何を意味しているのであろうか。それは、時を超えた時間を成立せしめる永遠によって、現在の一瞬一瞬において時が消され、時そのものが無くなることであると言える。しかし、ここで重要なことは、その一文で意味されていることは単に「永遠によって時が無化される」ということだけではなく、イエス・キリストの誕生や聖書の神の創造論を絡めながら、「神は創造の始の日の如く今も尚世界を創造しつゝあり、時はいつも新に、いつも始まる」という、時の「創造」「誕生」の意味も含み込まれているということである。つまり、時は一瞬一瞬その都度消されて無くなるとともに、それにおいて時は一瞬一瞬（神がこの世界の創造を始めた日と同じく神の創造の働きにより）まったく新たに創造されているということである。この「（永遠・神によって）時はいつも新に、いつも始まる」ということは、換言すれば、エックハルトが「時の完了」について述べた前者の言葉――無限の過去と無限の未来を「現在の一瞬に引き寄せること」――を意味していると考えられ、無限の過去未来を包み成立せしめる永遠が「現在の一瞬」に巻きおさめられ、その都度のその都度の「現在の瞬間」を誕生せしめているということと言える。

ここまで「永遠の今」を意味する「時の完了」について見てきたが、「永遠の今」（絶対無）とはこのような相矛盾する2つの事態――永遠によって時が一瞬一瞬無化されることと時がいつもまったく新たに創造されること――を可能ならしめるものなのである。そして、この「永遠の今」に見られるような「死して生まれる」ともいうべき思索的特徴は、（後述するように）この中期以降の西田の「絶対者」理解や「絶対者と人間の関係性」把握において、その中核的内容を占めるものになっていく。

（二）永遠の今の自己限定――時間論と他者論の相即――

ここで考えてみたいのは、「永遠の今」（絶対無）は時を無化することと時をいつも新たに創造することという相反する特徴を有するものであるが、では、この「永遠の今」は私たちが生きる現実の世界において具体的にどのように現れているのだろうかということである。「永遠の今」は時を超えたものとして我々人間に対してただ超越しているわけではない。「永遠の今」は我々の現実の世界において自身を一瞬一瞬の「現在」の瞬間において「死することによって生きる」（⑥264）という形で自己限定しながら顕現するのである。西田はそのような「永遠の今」の在り方を「永遠の今の自己限定」（⑥140他）として捉えている。では、「永遠の今の自己限定」とは具体的にはどのような在り方で言い表されているのだろうか。ここでは、その点について論文「私と汝」（一九三二年）を中心的に取り上げながら、西田独特の時間論と他者論とが相即して展開される思索を通じて見ていきたい。西田は論文「私と汝」において次のように述べている。

瞬間は何等かの媒介によって他の瞬間に移るのではない。然らばと云って自己自身によって他に移るものでもない。……瞬間は自己自身の底深く秘められた自己否定によって、他の瞬間に移り行くのである。（⑥381）

西田は、瞬間が他の瞬間に移り行くのは、通常考えられるような過去・現在・未来という直線的な時間の流れの上で捉えられるものとは考えない。瞬間が他の瞬間に移ることが可能となるのは、次の引用文で述べられるように、両者を「私と汝」関係として捉え、その関係の底に見られる「死して生まれる」という絶対否定即肯定によってなのであるということが言われる。

永遠の今の自己限定として時といふものが考えられると云ふにも、その底に私が汝を限定し汝が私を限定するという意味がなければならぬ。斯くして瞬間から瞬間に移り行く時といふものも考えられるのである。我々が自己

> 自身の底に絶対の他として汝を見るといふことから、時の限定が始まるのである。私の自己自身の底に見る絶対の他として汝と考へられるものは、無限の底から内面的に私を限定する無限の過去としての汝、即ち過ぎ去った汝といふ如きものでなければならぬ。そこに無限の過去から現在を限定する時といふものが考えられる。……私が私に於て汝を見ることによって私であり、汝は汝に於て私を見ることによって汝であるといふ人格的自己の自己限定に於て、瞬間が瞬間自身を限定し、瞬間から瞬間に移る真の時といふものが考へられるのである。すべて具体的に有るものは、その根底に於て右に云った如き私と汝との関係によって基礎付けられていなければならぬ。
> （傍点筆者、⑥418–419）

ここには、「永遠の今の自己限定」としての時の成立（瞬間が次の瞬間に移り行く事態）が西田独特の他者論である「私と汝」関係の成立と相即されて展開されている。その両者（瞬間と次の瞬間）の関係性の底には、互いが「絶対の他」として（自己の範疇の中に決して含み込まれない）絶対的に独立したものとして相対立し断絶するものでありながら、それでもなお自己の内面の底において結合し合う（相見る）ところに、真の時というものの成立が考えられている。引用文に見られるように、「現在（の私）」はどこまでも自己と相容れない過去――「無限の過去としての汝」――に絶対的に否定されることにより、新たな「現在（の私）」が生み出されるのである。このように「現在（の私）」が「無限の過去としての汝」からの絶対否定により死して、それによりまったく新たな「現在（の私）」が生まれるという、独特の「私と汝」関係で捉えられる他者論と時間論が相即されて、「永遠の今の自己限定」としての時が成立し、瞬間が瞬間を（絶対否定即肯定的に）限定し、瞬間から瞬間に移り行く真の時というものが成立すると考えられているのである（この西田独特の他者論である「私と汝」関係についてはここでの論述だけではまったく不十分であり、次節において詳しく取り上げている）。

このように「瞬間が他の瞬間に移り行く」という事態の底には絶えざる自己否定が秘められており、現在の私は

「無限の過去としての汝」に絶対否定され死することにより、その都度その都度まったく新しい「現在（の私）」として生まれるという「死して生れる」（⑥356）ものとして捉えられている。現在の瞬間の連続とはこのような「死して生れる」、「死即生」（⑥356）という断絶を含んだ連続、すなわち「非連続の連続」（⑥356）として理解されている。ここには先述した「永遠の今」——永遠によって無限の過去未来が現在の一瞬において消されることと、無限の過去未来が現在の一点において引き寄せることという相矛盾する2つの事態を可能ならしめるもの——が我々の現実の世界において自己自身を「現在」の瞬間において「死することによって生きる」（⑥264）という形で自己限定しながら顕現している「永遠の今の自己限定」の在り方が見て取れる。このように西田の時間論である「永遠の今の自己限定」としての時の成立は、他者論と相即されながら「死して生れる」、「死即生」と表現される「非連続の連続」としての時の成立という独特の形で把握されているのである。

この「永遠の今の自己限定」という時間論の独自性をもう少し敷衍して言えば、一般的な時間感覚では何かが生まれ（誕生し）生き続けていれば何かが終わる（死する）という「生死」の順序性の方が適切な理解であると思われるが、西田の場合は、何かが死ぬ（終る）から、次が生れるという「死して生れる」という「死生」の順序性こそが問題なのであり、その「死生」は「今」という「瞬間」を捉える場面にこそ最も重要な問題となるということである。小林敏明氏は、西田の「死生」という瞬間理解こそが、「今」という瞬間のポテンシャリティを浮かび上がらせるものであり、「今」という瞬間は「死から生への転換点」なのではないかと論じている。(7) この逆転の発想がもたらす重要な点は、「生死」の考え方が「死」を一定の長さを持って「生き続ける」持続体の外部に排除してしまうのに対して、「死生」の方は「死」をその持続体の真っ只中にもち込んでくるということであり、その持続体の真っ只中に「死」という否定性が入り込んでくるということである。このように「永遠の今の自己限定」としての無数の時の成立には、その各々の瞬間が「死して生れる」「死即生」という「非連続の連続」として成立しており、その「非連続の連続」としての時の真っ只中には絶えず「死」という絶対否定性が織り込まれているという特質があるのである。

ただ、ここからさらに考えてみたいことは、西田の時間論と他者論においてその根幹に存在する「死して生れる」「死することによって生まれる」という「死即生」的限定を可能ならしめているものは何なのかということである。その点を考察するにあたり、次節以降では、論文「私と汝」における西田の「他者」と「超越」に関わる思索において、（「絶対無の自覚」において包摂できるものではなくなった）現実世界に存在する「非合理的なるもの」が他人の人格としての「汝」に位置付けられ論じられていく思索的展開を追うことによって明らかにしていきたい。

第三節　「私」と「汝」

前節で触れたように、論文「私と汝」において、現実の中に存在する「非合理的なるもの」は、私が出会う他人の人格としての「汝」に位置付けられる。その上で、西田は「私と汝」との関係を『一般者の自覚的体系』で到達した「絶対無の自覚」、つまり「それ自身は無なるものが自己に於て自己を見る」という「自覚」的立場に立脚しながら、次のように言う。

自己が自己に於て自己を見ると考へられる時、自己が自己に於て絶対の他を見ると考へられると共に、その絶対の他は即ち自己であるといふことを意味していなければならない。而してかゝる意味に於て見るものと見られるものとを包むものは、限定するもののなき限定として無の一般者と考へられるものでなければならぬ。それは無媒介的媒介、非連続的連続といふべきものでなければならない。……自己が自己自身を見るといふことは斯くして考へられるのである、即ち見るものなくして見るといふことでなければならない。（傍点筆者、⑥386）

ここでは、「自覚」が、自己が自己の中に自己を映し、その自己を見るということではなく、その自己が絶対の他を見ることであり、同時にその絶対の他が自己であることを見ることとして理解されている。「自覚」が自己の内部において自己完結するものではなく、絶対の他を介してはじめて成立し得ると捉え返されている。「絶対の他」は、論文「私と汝」では極めて重要な表現であり、そこには多義的なものが含み込まれている。ここで言われている「絶対の他」とは「物ではなくして、他人」（⑥304）という私に出逢われる他の人格の意味である。もう一方で後述するが、「絶対の他」は「私と汝」の関係を成立せしめる絶対者の自己否定としての「アガペ」や「限定するものなき限定としての無の一般者の自己限定」としても捉えられる。自己が出逢う「絶対の他」はこのように多義的で区別される（と同時に繋がっているものでもある）。

論文「私と汝」において、私が出逢う他の人格としての「汝」（絶対の他）は、私との「断絶」性が強調される。絶対の他としての汝は私の意のままにならず私に回収しえないものとして捉えられる。「物は尚我に於てあると考へることもできるが、汝は絶対に私から独立するもの、私の外にあるものでなければならない」（⑥415）。物は私の意のままに私に回収しえるものとして考えられるが、絶対の他としての汝は私の意のままにならず私に回収しえないものとして捉えられる。さらに、「絶対に私から独立するもの」としての汝は、私の意の範疇に全く収まらない独立した汝として、「私を殺すという意味」（⑥415）をもって私の外から私の存在の根幹を絶対否定する「非合理的なるもの」として位置づけられる。そのような汝と私とは絶対に他なるものであり、私と汝とを包摂する何等の類概念的な一般者もありえない。

しかし一方で、そのような汝と私は断絶したままではなく、どこまでも人格的に結合する「私と汝」関係として西田は捉える。「私は汝を認めることによって私であり、汝は私を認めることによって汝である、私の底に汝があり、汝の底に私がある。私は私の底を通じて汝へ、汝は汝の底を通じて私へ結合するのである」（⑥381）。ここで言われる「私は（私を殺す意味をもつ）汝を認める」ということは一体、如何にして可能となるのだろうか。また、如何にして私が私の底を通じて汝へと結合するということが可能になるのだろうか。

自己が自己に於て絶対の他を見ると考へる時、我々の自己は死することによって生きるといふ意味を有し、他の人格を認めることによって自己が自己となる、私の根柢に汝があり汝の根柢に私があると云ふことができる。（⑥397）

西田は「絶対の他」としての「汝」を、類推説や感情移入説に基いて理解することを強く否定する。私からの類推によって捉えられる他者は、そこに類推する私自身が入り込んでおり、「絶対の他」の「絶対」性が消失してしまい、我々にとっての「絶対の他」であるような他者ではなくなるからである。「私」が「絶対の他」としての「汝」を認めるということは、「私」の側を消す（死する）ことにより、そうしたところに初めて私の側からの介入から全く独立した「絶対の他」としての「汝」が立ち現れてくる。そして、このことによりはじめて私と汝との「応答」関係が成立していくのである。

我々に対し絶対の他と考へられるものは自己自身を表現するものの意味を有たなければならない。……絶対に対立するものの相互関係は互いに反響し合ふ、即ち応答するといふことでなければならない。何処までも独立に自己自身を限定するものが、自己限定の尖端に於て相結合するのが応答といふことである、そこには所謂自他合一と正反対の意味がなければならない。（⑥392–393）

私と汝との結合は、私にとって絶対の他なる汝が「自己自身を表現するもの」として私に対して呼びかけ、その呼びかけに私が「応答」するという、人格的な応答関係において成立する。絶対の他としての汝の呼びかけに私が応答するとは、私の自己性が絶対的に剥ぎ取られる（死する）尖端において、私が汝へと開かれることによって、私が汝を認めることである。私の呼びかけに汝が応答することが、汝が私を認めることである。そうした絶対の他との絶対否定即肯定（死することによって生きる）を介することにより、はじめて私は私たりえ、汝は汝たりえるという「我々の人格的自己の自覚といふものが成立する」(⑥9)。

こうした「絶対の他」としての「汝」という独特の他者の捉え方には、先述したように西田の人生上に相次いで訪れた愛する者との死別経験が含み込まれているものと考えられないだろうか。つまり、「絶対の他」としての「汝」は「絶対の他としての死者」として捉えられている側面も有しているのではないかということである。筆者は、現実の世界では愛する「絶対の他としての死者」ともはや決して相交われないにもかかわらず、それでもなお新たに相関係し直すことができるという関係性を、西田は自らの他者論に含み込んで展開しているのではないかと考えるのである。

ここまで見てきたように、論文「私と汝」では、「(絶対無の)自覚」において「他者」が主題化され、汝は私との絶対的断絶がありながら、同時に「人格的応答」関係により結合するという、極めてパラドキシカルな関係性[8]として捉えられている。その点に西田の「(自己と)他者論」の特徴があると言える。

第四節　「私と汝」と「絶対の他」(神の絶対愛)

本節においてさらに問題としたいことは、前節の最後で触れたように、「絶対の他」としての「汝」が、「私を殺す意味を有つ」ほどに私という存在そのものを根幹から絶対否定するものであり、その汝の呼びかけに(有限的存在たる)私が「応答」することがどうして可能であるのかということである。換言すれば、どこまでも断絶している私と汝の人格的応答を成り立たしめる「死することによって生きる」「死即生」的限定ということを可能ならしめているものは何なのかということである。西田は、絶対の他としての汝を、私に出逢われる他人のみならず、私の外なる「物」すべてを、私との「死即生」的関係を伴うなら「汝」と考える(後には、「絶対否定を隔てて相見る時、私に対するものは、山も、川も、木も、石も、すべて汝の意味を有つ」(⑦59)と言われる)。私が(絶対否定を介して)出逢う他人や物がそのような「汝」として私に呼びかけてくるとき、「私自身の底に汝を蔵しそれによつて私が私自身であるといふことから、私は私の存在そのものの底に無限の責任を有する」（⑥420）が、「私を殺す意味を有」って私を絶対否定するほどの汝の呼びかけに私は自分の力で応答することはどうしても出来ない。絶対の他としての汝の呼びかけに応答できず、自己の存在そのものを罪とする自己の絶対否定において、西田は次のように述べる。

自己自身の底に絶対の他を見るといふことの逆に絶対の他に於て自己を見るといふ意味に於てのみ、真に自己自身の底に原罪を蔵し、自己の存在そのものを罪とする人格的自己といふものが考へられるのである。そこにキリスト教の所謂アガペの意味がなければならない。（傍点筆者、⑥424）

ここで重要なことは、「自己自身の底に絶対の他を見る」という方向が絶対否定され、「絶対の他に於て自己を見る」という方向へと転換されているということである。この転換の事態は、絶対の他としての汝の呼びかけに、自己が自己の側から自らの意に即して応答しようとする一切の余地が剥ぎ取られ、自己存在そのものが「罪」とならざるを得ないことを意味する。同時にそこにおいて、絶対の他としての汝の呼びかけにより自己はその自己性を絶対的に剥ぎ取られ、（自己の底に働く）「アガペに基礎附けられ」（⑥425）た人格的自己となって「真に私が私であるものとなる」（⑥424）という事態を言い表しているのである。

西田は、自己が絶対の他としての汝に呼びかけられ、応答し、汝と結合することができる根拠を、「アガペ」[9]に基礎づけられてある自己の在り方に見ている。「私は私の底を通じて汝へ、汝は汝の底を通じて私へ結合する」ことが可能であるのは、私が（私を絶対否定する）他の呼びかけにより自己自身を死して、汝もまた（汝を絶対否定する）他の呼びかけにより汝自身を死して、そこに「アガペ」に貫かれた私（汝）が、汝（私）を愛する関わりへと動かされることによってなのである。私の存在の根幹を絶対否定する汝の呼びかけに、私が「死即生」的に応答することが可能なのは、私の底に「絶対の他」としての「アガペ」があるからこそなのである（このような「アガペ」は、後述するように

「絶対無のノエシス的限定」と同義のものとして捉えられている）。

「アガペ」について、西田は次のように語っている。「アガペは憧憬ではなくして犠牲である、神の愛であって人間の愛ではない、神から人間に下ることであって人間から神に上ることではない」（⑥421）。神から人間に下るということは、神の徹底的な自己犠牲・自己無化という神の絶対否定の愛（絶対愛）として捉えられる。西田が言う「アガペ」は、「人間から神へ上る」という「人間の愛」ではなく、「神から人間に下る」という「神の愛」であり、神の徹底的な自己犠牲・自己無化という絶対否定の愛によって、我々人間は創造せしめられるということを意味している。さらに言えば、「アガペ」という絶対の他の自己否定の働きは、「私と汝」における絶対否定的な関わりを介するからこそ働くものであると同時に、この否定の働きは私（汝）の底に私（汝）を越えたところから「私と汝」の関係性を成り立たしめている。その意味で、絶対の他としての「アガペ」は「（内在的）超越」的に私（汝）に対して働いていると考えられる。(10)

このような「アガペ」という神の絶対否定の愛には、「私と汝」の関係を「死即生」的に成立せしめるものとして、我々人間に先立っており、言い換えれば、神と人間との関係性において、順序を逆にできない「不可逆」性が見出せると考えられる。別の言い方をすれば、我々にとって神の「アガペ」（絶対無としての神または仏）は、一方では「絶対の他」であり、他方では「絶対の自」であるという、(11)いわば「絶対の他が絶対の自であり、絶対の自が絶対の他である」といった円環的、可逆的で相互限定的に捉えられるものではないと考えられる。ここまで見てきたように、西田の思索における絶対者と人間とのあいだの「不可逆」の把握は、『無の自覚的限定』において見出すことができるのである。

論文「私と汝」において論じられたことは、我々の自己は、どこまでも自己の力によっては解決しえない「自己の如何ともしがたいもの」としての「汝」によって絶対否定されることによって、「アガペ」という絶対の他（神）の自己否定の働きに接してはじめて自己が自己として成立する（「死することによって生きる」）ということであった。このような自己矛盾的事実が我々の自己存在の根底に根差しているのであり、この自己矛盾的事実は自己の力によっては除去し得ないと西田は捉えている。ここにおいて我々の自己を超越した「神の絶対否定の働き」（「アガペ」）との関わり、我々の自己に先立って働く神の「先行性」、神と人との関係における「不可逆」的関係が見出されてくる。『無の自覚的限定』において、我々人間に対する絶対者の「不可逆」的超越性が見出されてくるのは、西田の思索にこうした「他者」の問題が生じ出したことが起因していると考えられる。

しかし、西田は後に論文「私と汝」において論じた立場、つまり私と汝との二者の直接的無媒介な人格的関係のみの世界は「なお主観的世界であり、いわば広げられた私の世界である」（⑧62）として自己批判する。そこでの汝は「主観的世界に於て対立する汝」（⑧69）であり、「他の私」（⑧69）とされる。私と汝という二者の人格的関係は「何処までも主観的世界たるを免れない、客観的世界というものは考へられない」（⑧63）とも批判される。こうした西田の自己批判によって、真に客観的世界が成立しなければ「私と汝」は主観的世界を脱し得ず、客観的世界に於てある相独立した「私と汝」関係は成り立ち得ないことになった。後期の著作『哲学の根本問題続編』（一九三四年）では、論文「私と汝」に内在する問題を克服する思索が展開され、「弁証法的一般者」において私と汝の関係性は捉え直されていく。

このように、論文「私と汝」における他者論には克服されるべき問題が伏在したことは事実だが、この論文で見出された点の全てが否定されるわけではない。逆に、論文「私と汝」において他者の問題を主題化したことが、以降の後期西田の思索（西田が最晩年に「宗教」の問題を本格的に論じた論文「場所的論理と宗教的世界観」も含めて）との関わりにおいて重要な意義を持ち得ていると考えられる。最後に、その点について触れておきたい。

その意義を簡潔に言えば、まず一つは、論文「私と汝」において他者の問題をはじめて主題化したことにより、私と汝を「死即生」的に成立せしめる「アガペ」という神の絶対否定の愛が、我々に先立った「不可逆」性を有し、「（内在的）超越」的に働いているということが見出された点である。言い換えれば、最晩年の論文「場所的論理と宗教的世界観」（以下、「宗教論」と略記）における神人関係（逆対応）において――逆対応は「絶対者の側から」と「自己の側から」の両方の立場から「対」にして論じられることに特徴がある――「絶対者（神）の側から」の不可逆性が認められるのであるが、論文「私と汝」において見出された「アガペ」の働きの不可逆性は、逆対応における「絶対者（神）の側から」の不可逆性を言い得る重要な始点となっていると考えられるのである。

次に二点目として、論文「私と汝」における「自己と他者」関係は、後に西田が自己批判するように、真の客観的実在的世界における「私と汝」関係として位置付けられなかったため不十分な側面を残していたが、論文「私と汝」に潜む問題点を起点として後期西田の中心概念である「歴史的世界」が究明されていったのである。その意味で、論文「私と汝」は、後期西田における真の実在世界である歴史的世界の確立へと繋がったばかりか、最晩年の論文「宗教論」における逆対応において絶対者と人間とのあいだの「不可逆」的関係性が明確に説かれることを可能ならしめた出発点となっていることに重要な意義が見出せると考えられるのである。

注

（1）　西田哲学研究において「他者」の問題を論じたものは意外に少ない。管見に入ったもので以下のものがある。まず中心的な論考として、木村敏による精神医学と西田哲学や現象学を絡めながら展開するすぐれた諸論考がある。例えば、「自己と他者」『木村敏著作集』第二巻（弘文堂、二〇〇一年）、「あいだ」『木村敏著作集』第六巻（弘文堂、二〇〇一年）などを参照。また、『無の自覚的限定』所収の論文「私と汝」における他者論を論じた重要な論考として、（第二章・注2に記載の）熊谷征一郎・前掲論文「西田他者論における展開――共感的一致から応答的結びつきへ――」（二〇〇五年）、同「西田哲学における他者の隔絶性―レヴィナスとの比較において」（二〇〇五年ａ）や、石井砂母亜「西田哲学における愛の問題――キリスト教との対話と『無の自覚的限定』――」（『西田哲学会年報』第八号、西田哲学会、二〇一一年、一〇五―一二〇頁）や同「西田哲学とキリスト教――愛の概念の展開として――」（『国際哲学研究』第二号、東洋大学国際哲学研究センター、二〇一三年、七四―八四頁）などが挙げられる。論文「私と汝」に関する最近の論考としては、高谷掌子「私と汝が「絶対の他」であるということ――木村敏は西田幾多郎の「私と汝」をどう読むか――」（『京都大学大学院教育学研究科紀要』第六六号、二〇二〇年、六九―九二頁）や猪ノ原次郎「〈汝〉の逆説

――西田幾多郎の他者論について――」『哲学の門――大学院生研究論集――』第一号、二〇一九年、三―一四頁）などがある。

（2）『無の自覚的限定』の時期において、西田の「他者」と「超越」の問題――絶対者と人間との関係性に「不可逆」性が見出されること――を指摘した論究は極めて稀であるが、その重要な論考として、石井砂母亜氏の前掲論文（二〇〇八年、「はじめに」注2に記載）を参照。

（3）戸坂潤の西田批判に関しては、藤田正勝『西田幾多郎――生きることと哲学――』（岩波新書、二〇〇七年、一〇八―一〇九頁）を参照。戸坂は一九三二年に発表された「京都学派の哲学」（『経済往来』）や翌年に執筆された「「無の論理」は論理であるか」（『唯物論研究』）において西田哲学に対する批判を展開している。とりわけ後者では、西田哲学が社会や歴史そのものではなく、その概念、およびそれについての意識だけを問題にするという点が批判されている。その上で次のように言われる。「無の論理は論理ではない、なぜなら、それは存在そのものを考えることは出来ないのであって、ただ存在の「論理的意義」だけをしか考え得ないのだから」（『戸坂潤全集』第二巻、勁草書房、一九六六年、三四七頁）。このような批判を西田は無視するのではなく、正面から受け止めようとしていたことが、前者の論文を読んだ後に書かれた戸坂宛の書簡の次の言葉からわかる。「私のこれまで書いたものが解釈学的だと考へられるのは無理もなからう　私はまだプラクシスを中心とした考を書いて居らぬ　……マルキストはeinseitig〔一面的〕で徹底しない所があると思ふ　併しマルキストといふものは十分に理解しその取るべき所は何処までも取りたいと思ふ」（⑱460）。

（4）田辺元の西田批判に関しては、同上（一〇七―一一二頁）を参照。

（5）『マイスター・エックハルト論文集』三七―三八頁。新版『西田幾多郎全集』第五巻、三五九頁においてこの書に関する注が付されており、「Von der Vollendung der Zeit（「時の完了について」）は、「Von der Erfüllung（「充実について」）」の誤記と考えられる」と記されている。

（6）新約聖書「ガラテヤの信徒への手紙」（四章四節）。

（7）小林敏明「断絶する今――西田幾多郎の時間論をめぐって――」（『思想』一〇〇三号、岩波書店、二〇〇七年、九六頁）を参照。

（8）藤田正勝『西田幾多郎の思索世界』「第五章　自己と他者」（岩波書店、二〇一一年、一二一―一四二頁）を参照。

（9）論文「私と汝」における「アガペ」に関しては、（本章注1に記載の）石井砂母亜氏の前掲論文「西田哲学における愛の問題――キリスト教との対話と『無の自覚的限定』――」（二〇一一年）、「西田哲学とキリスト教――愛の概念の展開として――」（二〇一三年）を参照。

（10）「アガペ」という絶対の他の否定の働きについて、白井雅人氏は、「「私と汝」が対する現場を離れて超越的な神がどこかにいるわけではない。しかし、この否定の働きがまさに我々の自己や汝の自己を越えしめ他者との関係の場を開いている点においては、否定の働きは我々を超越した働きであると言わざるを得ない」と述べている（白井雅人「否定性と当為――後期西田哲学の展開に向けて――」（『西田哲学会年報』第四号、二〇〇七年、一四六頁）を参照。筆者もこの捉え方に賛同する立場である。

(11) ブレット・デービス氏は、論文「私と汝」における自己にとっての「絶対の他」の理解として、次のように述べている。「自己が自己の中で「絶対の他」として接するものは、「他人」のみではなく、そもそもは「絶対無」なのである。我々の奥底において限定された自己を絶対否定しながらもまた肯定的に新しく自己限定させるものとして絶対無に接するのである。したがって、自己にとって絶対無は、一方では「絶対の他」であり、他方では「絶対の自」なのである」と述べている（ブレット・デービス「二重なる〈絶対の他への内在的超越〉――西田の宗教哲学における他者論――」（『日本哲学史研究』第九号、京都大学大学院文学研究科　日本哲学史研究室紀要、二〇一二年、一二五頁を参照）。

第四章　中期西田における「身体」

――『無の自覚的限定』とその関連講演を中心に――

「身体とは如何なるものであらうか。二つの人格が絶対に getrennt〔分離されたもの〕であると考へられるのは身体に依るのである。しかも身体を通じて相互の理解が媒介されるのである」（〔　〕内の補足は筆者、⑭356）。この一文は、一九三二年二月に京都帝国大学において西田幾多郎が行った講演「生と実在と論理」の内容の一部である（同年七月に論文「私と汝」が発表されており、この講演は論文「私と汝」を基礎にしていると言ってよい）。

前章では、中期の著作『無の自覚的限定』（一九三二年）の第八論文であり結論部でもある論文「私と汝」において、西田が「他者」と「超越」の問題をどのように捉えていたのかを見てきた。そこで中心的に論じられていたことは、絶対無の自覚的限定としての「自己」の成立は、「私」と「汝」という二つの断絶した人格が相結合することにより「私」が「私」になり、「汝」が「汝」になる事態と相即して成立するということであった。では、二者の人格が非連続でありながら連続することを可能にするものは何なのであろうか。

本章では、冒頭の一文からも分かるように、この時期の西田が「私と汝」における非連続の連続を可能にするものとして「身体」を重要視していることに注目したい。従来の西田研究では、この問いに関する結論は「人格的行為と人格的行為の応答[1]」や（前章で論じたように）「アガペとしての愛[2]」に見出されていたが、「身体」に焦点を当てた研究は未だごく少数であると思われる。本章ではこうした観点からの考察を中心に行い、そのことを通じて中期西田の思索において捉えられた「身体[3]」を浮き彫りにしていきたい。

ところで、論文「私と汝」の時期における西田の思索は、『一般者の自覚的体系』（一九三〇年）における「絶対無の自覚」の立場を「意識内在の立場」とするなら、この「意識内在の立場」を超え出ることを志向しているように思われる。では「意識内在の立場」を超え出るとは如何なることであるか。それは「身体の立場」に立ち、その立場から自他や世界を捉え直すこと、つまり「意識内在の立場」から「身体の立場」への転回であると考えられる。この時期の西田が「身体」を「私と汝における非連続の連続を可能にするもの」と捉えた点に筆者が着目するのは、そこに「身体の立場」への重大な転換点としての意味を見出せると考えるからである。

ここでは、この点を明らかにするためにも、冒頭の一文「身体とは如何なるものであらうか。二つの人格が絶対にgetrenntであると考へられるのは身体に依るのである。しかも身体を通じて相互の理解が媒介されるのである」とはどのような事態を意味しているのかを解明する。その際の手がかりとして、『無の自覚的限定』所収の諸論文、とりわけ第一論文「表現的自己の自己限定」と、第八論文「私と汝」やそれを基礎にして行われた二つの関連講演「生と実在と論理」、「実在の根底としての人格概念」（一九三二年九月）を用いて考察を行い、そのことを通じて中期西田において捉えられた「身体」の有する意義と課題を明らかにしたい。

第一節　「絶対無の自覚の表現（即行為）」としての「身体的限定」

西田の思索の展開において「身体」の問題が主題化されるのは中期の著作『無の自覚的限定』の時期からであり、それまでの著作ではあまり主題化されていない。第2章において前期の『善の研究』から『働くものから見るものへ』までの思索的展開を概観したが、『無の自覚的限定』の思想的特徴を改めて述べておくと、前期西田に見られたような自己意識の内へ内へと超越的に掘り下げていく方向ではなく、「身体」の立場を軸にして自己や他者、現実世界を捉え直していくという方向に思索的転回が生じているということである。

その転換をもたらした背景として主に二つの点が挙げられるのであるが、まず一点目として、前章でも述べたように、マルクス主義運動や田辺元らの西田哲学批判の影響が考えられる。現実世界に存在する「非合理性」の問題は、西田において現実に生きる我々の自己存在の成立にとって根本的意義を有する契機として迫り来るものとなったからである。その「非合理的なるもの」は、自己にとって真に「外にあるもの」（⑥415）、「真に客観的と考えられるもの」（⑦5）に求められていく。そのことと密接に関連する形で、この時期の西田の思索における新たな特徴である「身体を有した行為する自己」という側面が生じてくる。現実世界の「非合理性」はもはや自己意識内部の最も奥底における「絶対無の自覚」に解消することは出来ず、自己が「外なるもの」「客観的なるもの」に関わるためには「無にして自己自身を見るもの」だけではなく「身体を有した行為する自己」が考えられなければならないからである。次に二点目として、一九三〇年代に日本の思想界において「人間学」をめぐる議論が盛んとなり[4]、その文脈の中で西田だけでなく田辺や三木清などの京都学派の哲学者のあいだで「身体」の問題が重要なテーマとなった[5]という背景が存在したことが挙げられる（中期西田の時期における西田や田辺[6]、三木らの身体論に関わる思想的影響関係やそのことが西田の身体論にもたらしたものを詳細に考察することは、今後の重要な課題の一つとする）。こうした背景を元にした西田の思索的転回により、『無の自覚的限定』において、「身体」の問題が主題化されて論じられていくのである。

『無の自覚的限定』は、本論で中心的に取り上げる第八論文「私と汝」を含め、第一論文「表現的自己の自己限定」や、第三論文「私の絶対無の自覚的限定といふもの」、第四論文「永遠の今の自己限定」などの九論文からなる著作である。この著作の基本的特徴として、前著の『一般者の自覚的体系』が自己意識の内面の奥底に超越していくことによって「判断的一般者から自覚的一般者に、自覚的一般者から広義に於ける行為的一般者或は表現的一般者に至った」（⑥4）思索が「表から裏を見て行った」という立場だったのに対して、この書は絶対無の自覚をもとにして「裏から表を見よう」とする立場である。「裏から表を見ようとする立場」とは、自己意識の最内奥の絶対無の自覚から自己や他者、現実世界といったものがどのように捉えられるのかということを追求しようとするものである。

『無の自覚的限定』の第一論文として「表現的自己の自己限定」という「表現」(7)を主題とした論文が置かれていることは重要な意味がある。それは、これから論じていくように「絶対無の自覚」と「身体」の問題とが密接に関わっているからである。この論文において、「表現」とは、一般的には「客観的存在にして主観的なる意味内容を宿すもの」(⑥13)とされるが、「絶対無の自覚」の立場に立脚した「事実そのもの」(⑥14)としての「表現」とは次のように述べられる。

我々が行為的自己の底に自己自身を没して、無にして見る自己の立場に立つ(絶対無の自覚の立場に立つ)時、すべて有るものは自己自身を自覚し自己自身を表現するものとなるのである。(括弧内は筆者補足、同上)

ここで言われる「事実そのもの」としての「表現」とは、行為的自己が自らの底に没することにより「無にして見る(見るものなくして見る)」(括弧内は筆者補足、⑥18)という「行為」の立場に転じる時、その「行為」を通して見られる「すべて有るもの」の「その一々」が(自己と周囲の世界を区別して認識する)自己による枠付けから解放された「絶対の事実」(⑥38)として「表現」されてくるという事態である。この「絶対の事実」(事実そのもの)としての「表現」ということを少しでも具体的に言うなら、(後述するように)それは「十方世界是全身」(⑥80)――自己の身体と周囲の世界が区別されているのではなく、自己の身体の枠組みが溶け出して、自己と全世界とが一体化し、この世界がまるごと自己(の全身)であるものとして現れること――として言い表されるものであろう。そして、このような「絶対無の表現(即行為)」ともいうべき「絶対の事実」としての「表現」は、「事実が事実自身を限定する」(⑥77)とか「絶対無のノエマ的限定」とも言われる。

ここで重要なことは、西田が「絶対無の表現」(「絶対の事実」としての「表現」、「事実が事実自身を限定する」)をいうとき、それは「身体的限定」として考えられるものでなければならないと捉えていることである。その点について次のように言われる。

事実が事実自身を限定するといふ時、それはまず身体的限定と考へられるものでなければならない、自己自身を限定する事実は身体的に自己自身を限定すると考へられねばならない（⑥77）。

さらに、その「身体的限定」は次のような2つの特徴を有するものであることが言われる。

（事実が）自己自身を限定する事実は身体的に自己自身を限定すると考へられねばならない。併し身体的限定といふのは限定するものなくして自己自身を限定するもののノエマ的限定（絶対無の自覚のノエマ的限定）を意味するに過ぎない、即ち生命のノエマ的限定たるに過ぎない。我々が身体の底に身体を脱した時、始めて自己自身を限定するもののノエシス的限定（絶対無の自覚のノエシス的限定）の意義に達するのである、真に生命自身の自覚に至るのである。（括弧内は筆者補足、⑥77–78）

ここで言う「身体的限定」の2つの特徴とは、限定するものなくして自己自身を限定するもののノエマ的限定(8)（絶対無の自覚のノエマ的限定）に過ぎないものだけではなく、限定するものなくして自己自身を限定するもののノエシス的(9)限定（絶対無のノエシス的限定、生命自身の自覚）の意義に達するものでもあるということである。前者の「絶対無の自覚のノエマ的限定」とは、「絶対無の表現」とか「絶対の事実」としての「表現」の特徴を有するものであることは既に述べた。

ここで考えてみたいのは、「身体的限定」が有するもう一つの特徴である、限定するものなくして自己自身を見るもの（見るものなくして見るもの）のノエシス的限定（絶対無の自覚のノエシス的限定）の意義に達するとはどのようなことなのかということである。それは言い換えれば、（先述したような）「無にして見る（見るものなくして見る）」の立場に立つという「行為」の立場に立つことを意味する。これが「生命自身の自覚に至る」ことでもあるが、それは「我々が身体の底に身体を脱する時、始めて」可能になると言われている。では、「我々が身体の底に身体を脱する時、始めて絶対無の自覚のノエシス的限定に至る」とはいかなることなのか。この点については、次節において論文「私と汝」やその関連講演で西田が述べている内容と絡めながら掘り下げていきたいと考える。

ここまで、西田が『無の自覚的限定』において「裏から表を見ようとする立場」――自己意識の最内奥の絶対無の自覚から自己や他者、現実世界といったものがどのように捉えられるか――を追求しようとする際に、「身体」に着目していることについて触れてきた。絶対無の自覚に立脚した「身体的限定」には、「表現」（絶対の事実）と「行為」（見るものなくして見る）、「絶対無の自覚のノエマ的限定」と「絶対無の自覚のノエシス的限定」という2つの側面があり、それらが互いに「相即」している特徴を有しているということが見出されてきた。次節では、このような「身体的限定」の理解を元にして、本章のテーマ――「私」と「汝」という二つの断絶した人格がそれでもなお相結合すること（非連続の連続）を可能にするものが「身体」であるということはいかなることなのか――について考察していきたい。

第二節　論文「私と汝」とその関連講演における「身体」と「他者」

（一）身体の有する「行為」と「表現」の意味

ここまで『無の自覚的限定』所収の第一論文「表現的自己の自己限定」における「身体」について着目して論じてきたが、ここでは第八論文「私と汝」やその関連講演において「身体」がどのように捉えられているのかを見ていきたい。それは、筆者の関心が、（それらの論文や講演において）私と汝における非連続の連続の関係――二つの人格が断絶していながらも結合するという関係――を可能にするものが「身体」であると西田が捉えている点にあるからである。言い換えれば、本章の冒頭に挙げた一文「身体とは如何なるものであらうか。二つの人格が絶対に getrennt（分離されたもの）であると考へられるのは身体に依るのである。しかも身体を通じて相互の理解が媒介されるのである」

（括弧内は筆者補足、⑭362）において、「身体」が私と汝における非連続の連続（断絶の結合）を可能にするものとしてどのような働きをしているのかを明らかにしたいからである。本節ではこの点に焦点を当てて論じていくこととする。

前章で既に見たように、論文「私と汝」では、「（絶対無の）自覚」において「他者」の問題が主題化され、私と汝は二者の人格の断絶した関係がありながら、同時に「人格的応答」関係により結合するという、極めてパラドキシカルな「非連続の連続」の関係性として捉えられていた。しかし、ここでさらに問題としたいことは、そもそも「私を殺す意味を有つ」ほどに私と「断絶」している汝の呼びかけに、（有限の自己たる）私が応答し、汝へと開かれ人格的に「結合」することがどうして可能であるのかということである。ここで着目したいのは、この点に関して西田が論文「私と汝」とほぼ同時期に行われた講演「生と実在と論理」において次のように述べている内容である。

身体とは如何なるものであらうか。二つの人格が絶対に getrennt（分離されたもの）であると考へられるのは身体に依るのである。しかも身体を通じて相互の理解が媒介されるのである。我は一面に於て直ちに身体であり、しかも他面に於て身体ではない。我の身体の底はつかみ難く達し難い。身体の底は直ちに深く我に通じている。達し難き我の深底である。しかも身体は我に逆ひ我と離れてゐる。（括弧内は筆者補足、⑭356）

西田のこの身体の理解は、前節で述べてきたように、絶対無の自覚のノエマ的限定と絶対無の自覚のノエシス的限定との相即、絶対無の自覚の表現（即行為）としての「身体的限定」を思い起こさせる内容ではないだろうか。筆者はこの「身体」の観点から、私と汝における「非連続の連続」「断絶の結合」の関係を可能にする「身体」を捉えていきたいと考える。そのために本節では、論文「私と汝」だけでなく、それを基礎にして行われた2つの関連講演である「生と実在と論理」（以下、講演「生」と略記）、「実在の根底としての人格概念」（以下、講演「実在」と略記）の内容も触れながら論じていくこととする。

ここではまず、論文「私と汝」における「私と汝」の自覚、つまり「自己に於て絶対の他を見、絶対の他に於て自ては、次のような内容として述べられている。

己を見る」における「自己に於て絶対の他を見る」ということが問題になる。この点について、講演「実在」においては、次のような内容として述べられている。

先ず欲求という形をもってくる。しかしこれだけでは真の自己といふものではない。此の証拠には欲求にのみ従ふ時は、遂には自己は否定される。肉体にのみ従ふ時は人格を否定することになる。(⑭163)

この引用文から端的に言えることは、「自己に於て絶対の他を見る」ということはどこまでも欲求に従う方向なのであり、この方向を究極的に進めても「客観的精神」(⑥422)や「宇宙的精神」(⑥424)といった「自己拡大」(⑥424)の方向が残るものと西田に理解されているということである。従って、「自己に於て絶対の他を見る」ということは真に人格的自己とはなりえないものとして否定される。ここから、この方向が絶対否定される方向、つまり「自己拡大」と反対の意味の方向である「絶対の他に於て自己を見る」に転じせしめられるのである。

講演「実在」では、この事態は「欲求を否定したところに却って本当の自己が見られる」(⑥163)と述べられ、「肉体にのみ従う」自己を否定したところに自己の中に自己拡大の方向が残るものがすっかり否定され、「絶対の他に於て自己を見る」ということになった時、真の自己を見ることになると捉えられる。この事態は一体どういうことなのだろうか。この点に関して、「肉体にのみ従う」自己を否定するということを手掛かりに考えてみたい。また、「肉体にのみ従う」自己を否定することとは、前節で見た「我々が身体の底に身体を脱した時、始めて自己自身を限定するもののノエシス的限定の意義に達するのである、真に生命自身の自覚に至るのである」(⑥77-78)ということと同様の事態を意味している。

「我々が身体の底に身体を脱する」とは、我々の自己が自らの身体と周囲の世界を区別して認識する「自己による」認識の枠付けを絶対的に自己否定して、無にして自己自身を限定するもののノエシス的限定(絶対無の自覚のノエシス的限定)の意義に達することを通して、自己の身体の枠組みが溶け出して、自己と世界が一体化して、世界がまるごと自己（の全身）であるものとなった「十方世界是全身」ともいうべき「絶対無の表現（即行為）」としての新たな身体として甦ることであると考えられる。つまり、我々が身体の底に身体を脱するとは、「自己が」見るのではなく、「見るものなくして見る」ということ（「真に生命自身の自覚に至る」ということ）であり、その「見るものなくして見る」という自覚の働き（「行為」）を「表現」する新たな身体として生れるということである。このことが、「自己に於て絶対の他を見る」が絶対否定に撞着し、「絶対の他に於て自己を見る」に翻った事態を意味していると考えられる。

ここからさらに考えたいのは、「絶対の他に於て自己を見る」という事態において、我々の身体が身体の底に身体を脱した時、真に生命自身の自覚に至るのであるが、我々の身体の底に働く「生命自身の自覚」（絶対無の自覚のノエシス的限定）とはより厳密には何を意味しているのかということである。その点について、論文「私と汝」において、「絶対の他に於て自己を見る」に転じせしめられた事態がどのように理解されていたかということを改めて踏まえた上で考えたい。西田はその事態において、絶対の他としての汝の呼びかけにより自己は自己自身に死して、（自己の底に働く）「アガペに基礎附けられ」た人格的自己となって「真に私が私であるものとなる」と捉えている。私の存在の根幹を絶対否定する汝の呼びかけに、私が「絶対の死即生」的に応答することが可能なのは、私の底に汝の底に「絶対の他」としての「アガペ」が絶対否定的に働いているからなのでる。このような「アガペ」は、我々が身体の底に身体を脱した時に達する「絶対無の自覚のノエシス的限定」、つまり「生命自身の自覚」を意味するものと考えられる。

（二）身体の両義性――非連続の連続を可能にする身体――

ここでは、前項において論じてきたことを改めて「私と汝」関係における「絶対の他に於て自己を見る」について、「我々の身体が身体の底に脱した時、始めて自己自身を限定するもののノエシス的限定の意義に達する……、真に生命自身の自覚に至る」という事態に即して考えてみたい。そこから、身体が「私と汝」における「断絶の結合」「非連続の連続」を可能にする側面を明らかにしていきたい。

「我々が身体の底に身体を脱する」ということは、「肉体の欲求にのみ従う」自己がすっかり否定され、「自己が」見ることを一切払拭され、「見るものなくして見る」という「生命の自覚」に転じせしめられることであった。そして、「生命の自覚」とは、私と汝が断絶した関係でありながらも、「私と汝」の底において相結合することを可能ならしめる「アガペ」を意味するものと捉えられた。「アガペ」は我々の身体の底において内在的超越的に働いており、また（第三章・第四節で既に論じたように）我々に先立つ「不可逆」性を有して「神から人間に下る」という神の徹底的な自己犠牲・自己無化である「神の愛」であり、その働きによって、我々人間は創造せしめられ、私と汝（における断絶即結合）の関係は成立せしめられると捉えられた。ここから言えることはまず、我々の身体の底には「アガペ」という、断絶する私と汝とを相結合せしめる「生命の自覚」、つまり「絶対無の自覚のノエシス的限定」という「行為」の働きがあるということである。

同時に、「我々が身体の底に身体を脱した時、生命の自覚に至る」ということは直ちにその「生命の自覚」たる「アガペ」の「表現」として私（の身体）と汝（の身体）はあるということである。言い換えれば、我々の身体の底に「アガペ」という「行為」の働きが生じ続けていることにより、その「表現」としての私（の身体）と汝（の身体）は互いに断絶していながらも、相互の理解が媒介されるのである。このように身体が有する「行為」と「表現」によって、私と汝における非連続の連続の関係を可能にするものが「身体」であるということが言えるのである。

しかしここでもう一つ重要なことは、私と汝における「断絶の結合」ということは、「結合の断絶」ということでもある。つまり、私と汝は相互に断絶した人格的関係でありながらも、身体の底に働く「生命の自覚」（アガペ）という「行為」によって人格的に繋がり合うことが可能となったが、（その行為の働きをその底に有した）「表現」には一方でどこまでも身体的なものが残っているのである。「肉体は無限に消され乍ら、どこまでも残るのである」(14)363)。身体の底に働く「行為」の働き（アガペ）により、私と汝における断絶は無限に消されたが、その結合において一方でどこまでも身体的なものは残るのである。その残った身体的なるものが「断絶」、「隔たり」を生み出していくのである。西田は講演「生」において次のように述べている。

絶対な一々の Getrenntheit〔分離〕は愛によって消されて行くのであるけれど、どこまでも分離の原理として身体的なものが残るのである。人格は単なる理性ではなくして、むしろ個体的なるものの極限である。従ってそれは分離してゐて結合してゐるものなのである。そしてその二重の働きを身体的なるものが営んでいるのである。……自我の Einheit はか丶る身体的なものとの関係に於て成立している。（〔　〕内の補足は筆者、⑥357）

各々の人格は、身体の底に身体を脱して「生命の自覚」（アガペ）という「行為」により断絶した他の人格と結合し得ても、その行為の働きをその底に有した「表現」にはどこまでも「分離の原理」として身体的なものが残るということである。ここから言えることは、身体がこうした「行為」と「表現」という二重の意味を有することによって、私と汝における「分離してゐて結合してゐる」事態が可能となり、そのことにより人格が成立するということである。西田が「人格といふものすら広義に於ての身体性なくしては考へられない」（⑥408）と述べているのは、こうした意味においてであると考えられる。そしてここに、本章の冒頭に挙げた「身体とは如何なるものであらうか。二つの人格が絶対に getrennt であると考へられるのは身体に依るのである。しかも身体を通じて相互の理解が媒介されるのである」ということの意味も示されていると言えるのである。

本章では、『無の自覚的限定』における論文「私と汝」やその関連講演において、私と汝という非連続の連続の関係性を可能にしているものが「身体」であるということに着目し、その身体の在り方を論じてきた。ここまでの論述を通して、『無の自覚的限定』、とりわけ論文「私と汝」とその関連講演における身体論の意義について述べておきたい。『無の自覚的限定』の前著『一般者の自覚的体系』においては、「無にして自己自身を見る」（「絶対無の自覚」）という「意識内在の立場」に自己も他者も世界もそこに回収されかねない形で捉えられる傾向が強かった。それが、

『無の自覚的限定』では「意識内在の立場」を超え出ることが志向され、絶対無の自覚のノエマ的限定（即ノエシス的限定）としての「身体的限定」と捉えられ、そのような身体なくして我々の真の自己はないとされた。さらには、その「身体的限定」が「行為」と「表現」の両義性を有していることが断絶している「私と汝」の結合を可能にするものであることが明らかになった。

ここから言えることは、『無の自覚的限定』において自己も他者も世界も「身体の立場」から捉え直されたことを意味する。また、その中でも論文「私と汝」においては、私に対する「絶対の他」として他人の人格としての「汝」という他者論が本格的に論じられた。それは（広義の意味で）独我論的な「意識内在の立場」ではほとんど主題化されなかった問題である。論文「私と汝」とその関連講演において、その他者との関係性を「身体」から捉え、私と汝の非連続の連続を「身体」が可能にすると論じた内容は、西田の思索が「意識内在の立場」から「身体の立場」への転換点であることの意味合いをより強めるものであると考えられる。

しかし、ここで明らかにされた、（私と汝における）非連続の連続を可能にするものとしての「身体」は、上述の論文「私と汝」に内在する問題、つまり私と汝との二者の直接的無媒介な人格的関係のみの世界は「なお主観的世界であり、いわば広げられた私の世界である」として後に自己批判される問題と同様の問題を孕んでいるのである。言い換えれば、本章で明らかになった、「行為」と「表現」の両義性を有する「身体」は、なお主観的世界に留まっている「私と汝」関係を成立させるものであって、まだ客観的限定が十分ではなく、真に「私と汝」における非連続の連続を可能にする「身体」とはなり得ていないのである。歴史的現実の世界において身体的存在としての自己が関わるのは、他者だけではなく、物や環境、世界も含まれるのであり、その意味で二者の人格的関係における非連続の連続を可能にする「身体」は、後期に展開される「歴史的身体」と比すれば、まだ不十分な身体論として位置づけられるのである。その課題は、他者の問題と同様のものを含んでおり、後期の思索において「身体」に関する課題の克服が目指されてゆく。

注

（1）藤田正勝・前掲著作（二〇一一年、第三章・注8に記載）を参照。

（2）筆者もこの問題に関して「アガペとしての愛」にその結論を見出す立場でもあるのだが、その点も含めつつ、本章では「身体」に着目して考察を行いたい。「アガペとしての愛」に関しては、本書の第三章・第四節や石井砂母亜氏の前掲論文（二〇一一年、二〇一三年、第三章・注1に記載）を参照。

（3）中期西田の時期における「身体」について論じたものは極めて少ないが、『無の自覚的限定』における「身体」の問題を論じたものとして、森野雄介「物は衝動する――西田幾多郎『無の自覚的限定』における身体に関する転回をめぐって――」（『西田哲学会年報』第一二号、二〇一五年、一一六―一三五頁）や杉村康彦「〈自覚〉する身体―西田のメーヌ・ド・ビラン評価から見えてくるもの」（『西田哲学会年報』第一五号、二〇一八年、四〇―五七頁）を参照。また、西田哲学における身体論をテーマとした論考自体が意外なまでに少ない。代表的な著作としては、湯浅泰雄『身体論 東洋的心身論と現代』（創文社、一九七七年）と野家啓一「歴史の中の身体 西田哲学と現象学」上田閑照編『没後五〇年記念論文集 西田哲学』（創文社、一九九四年）がある。後者は、後期西田の身体論を現象学の立場から捉えることにより、西田の「歴史的身体」の現代的意義を論じたものである。野家氏のこの重要な論考に関しては、注53で詳しく取り上げている。

（4）一九三〇年代に日本において「人間学」をめぐる議論が盛んになされた背景には、一九二〇年代の後半、ドイツにおいてマックス・シェーラーの『宇宙における人間の位置』（一九二八年）やヘルムート・プレスナーの『有機的なものの諸段階と人間』（一九二八年）などが出版され、人間学ないし哲学的人間学をめぐって様々な議論が交わされたことがある。こうした一九二〇年代後半に見られたドイツでの「人間学」の議論の高まりが、一九三〇年代の日本において「人間学」が一つの重要なトピックとなり、その思想的風潮の元で「身体」の問題も主題的に論じられるようになったという背景を詳細に論じたものとして、藤田正勝「一九二〇年代のヨーロッパの哲学と日本の哲学の形成・発展」（『哲学研究』第五九二号、京都大学大学院文学研究科内・京都哲学会、二〇一三年、一―二一頁）を参照。

（5）京都学派の哲学者たちのあいだで「人間学」が一つの重要なトピックとなり、その文脈の中で「身体」の問題が広く共有されていく動向を詳細に知ることができる論考として、藤田正勝「表現と身体――「表現的存在」としての人間」（『日本の哲学』第一七号、昭和堂、二〇一六年、一〇六―一二〇頁）がある。上述の「人間学」や「身体」の問題が日本の哲学者たちにおいて議論が盛んになっていくその先駆けとなったのが、一九三一年四月に西田が発表した論文「人間学」であり、同年の一〇月に田辺が発表した論文「人間学の立場」であった。その後、三木清が『哲学的人間学』という著作を岩波全書の一冊として出版することを企てていた（が最終的には刊行に至らなかった）。さらに、それに代わるような仕方で、一九三八年に高山岩男が『哲学的人間学』を出版し、一九三八年から翌年にかけては理想社から『人間学講座』全五巻が出版され、その第一巻『人間の哲学的考察』には九鬼周造の「人間学とは何か」や高坂正顕の「人間観の諸類型」などの論文が発表された。

ここで興味深いのは、西田や田辺、三木が「人間」について、また「身体」について論じる際にフランス・スピリチュアリスムの祖とされるメーヌ・ド・ビラン（Maine de Biran, 1766–1824）の思想を重要視して取り上げ、各々にビランの思想の受容と批判を行っているという点である。西田は論文「人間学」において、ビランが「意志」（le vouloir）を原始的事実（le fait primitif）として捉え、それにおいて、そしてそれを通してはじめて外界における自己の表現が可能となり、外界との結びつきが可能となることを論じたビランの思想を高く評価する。そして、そのビランの思想の中に、自らの人間学の立場、すなわち「絶対無の自己限定」に基づいた「内的人間の人間学」（⑫24）の典型を見出している。しかし一方で、ビランの思想が「内から出立する人間学」である点を評価しつつ、西田はそれに対する批判も行っている。「人間は単に彼自身に於てのみならず肉体に於てあるのである、否単に肉体に於てあるのみならず我々は社会に於てあるのである、単に社会に於てあるのみならず歴史に於てあるのである」（⑫25）。ここで西田が主張していることは、人間は単に「原始的事実」という内面的経験からの方向でのみ捉えられるものではなく、身体を有した存在として把握されるものでなければならないということであり、さらには社会においてある存在、歴史においてある存在として理解されねばならないということである。つまり、ビランの人間学にはこのような「外から出立する人間学」の観点が欠けている点を西田は批判しているのである。

こうした西田のビラン思想に対する評価と批判は、『無の自覚的限定』以降の思索において、西田が我々の自己を「身体」を基軸として「内が外であり、外が内である」という内と外との矛盾的自己同一として捉えられていく際の転換点であり起点でもあると考えられ、西田哲学の身体論を掘り下げていく上で重要な意味を有していると考えられる。西田とビランの思想を「身体」の観点から詳細に考察すること、さらには田辺や三木のビラン思想の受容と批判を各々に「身体」の立場から捉えること、そして、彼らのあいだでの思想的影響関係やそのことが西田にもたらした影響について論究することは、すべて今後の重要な課題とする。

（6）中期西田の時期における田辺の身体論を論じたものとして、竹花洋祐「超越と身体——田辺元の「人間学的哲学」の構想」（『哲学論集』第五七号、大谷大学哲学会、二〇一〇年、二〇—三八頁）がある。

（7）前期から中期の『無の自覚的限定』にかけての西田の「表現」概念について詳細に論じたものとして、第二章・注5に記載の森哲郎・前掲論文「西田幾多郎の「表現」思想」（二〇〇八年）を参照。

（8）「ノエマ」というのは、もともとはフッサールの現象学の用語であり、「ノエマ」とは意識の対象的側面を意味するのだが、西田はこの語を自らの立場に少し引きつけて独自の意味で用いている。本章でも西田がよく使っている「見る」という語に即して言えば、「ノエマ」は「見られたもの」の方向と言える。

(9)「ノエシス」も、「ノエマ」と同様に、フッサールの用語を西田が独自の意味で使っており、西田の言う「見る」という語に即して言えば、「見るもの」の方向と言える。

第五章　後期西田における「他者」と「身体」

――「表現的関係」への転換――

西田は、後期において、『無の自覚的限定』における他者論や身体論に内在した問題を克服する思索を展開していく。中期における他者論と身体論に内在する問題とは、「なお主観的世界であり、……広げられた私の世界である」と西田自ら自己批判するように、主観的世界を脱し得ないところで成立している「私と汝」であり、（そのような私と汝の）非連続の連続を可能にする「身体」に過ぎないということである。換言すれば、主観的世界を脱し得た客観的世界が成立し、そこにおいて相独立・相対立し合う「私と汝」や（そうした私と汝の）非連続の連続を可能にする「身体」が求められているということである。後期の思索において、そのような他者と身体は「弁証法的一般者」の立場から見出されていく。

本章では、後期西田における「弁証法的一般者」の立場からどのように「他者」と「身体」が捉えられるのかを見ていく。また、そのことを通じて西田の思索において、自己と他者や物、自己と世界、自己と絶対者との関係性が、対象論理的関係でもなく、絶対無の自覚に包摂される関係でもない、弁証法的一般者としての世界（歴史的世界）における「表現的関係」へと転換している重要な展開が見られる。歴史的世界における「表現的関係」とはいかなる関係なのか。その点についても見ていきたい。

第一節　後期西田における「他者」と「身体」

――「弁証法的一般者」の立場から――

後期の著作『哲学の根本問題 続編（弁証法的世界）』（一九三四年）では、論文「私と汝」において論じられた、私と汝という二者の直接的無媒介的な人格的関係だけでは真に客観的で相独立した私と汝の関係とならず、「いわば広げられた私の世界である」と自己批判され、その関係性の外なる無数の「彼」との関係性が考えられていく。「……単に私と汝との関係だけでは真に非連続の連続といふものは考へられない。真に非連続の連続といふものが考へられるには彼といふものが入って来なければならない」（傍点筆者、⑦20）。真に非連続の連続の世界は私と汝だけの世界ではなく、私が「無数の彼」と相対立し相働く世界として捉えられていく。その際に、それぞれ相対立しながらも私と無数の彼とが相働き合うという[1]、矛盾しながらも自己同一な事態を可能にするための媒介者が考えられる。それが「弁証法的一般者」である（⑦315）。

「弁証法的一般者」というのは、「我々が之に於て生れ之に於て働き之に於て死にゆく世界」（⑦217）であり、こうした世界にあらゆる個物はそこに於てある。西田は世界を、至るところが中心となる周辺なき無限大の円のようなものと比喩的に表現しているが、それは言い換えれば、世界は周辺なき無限大の円であるから、それぞれの個物がそれぞれ世界の中心であり、同時にそうしたそれぞれが世界の中心であり独立している個物は、弁証法的一般者としての世界に於てあることによって、私の外なる客観的なるもの（無数の個物）に対して行為することが可能となる。弁証法的一般者というのは、個物としての我々が、私の外なる客観的なるものに対して行為する世界である。そして、こうした弁証法的一般者としての世界において、無数の個物に対することによって、互いに相独立し客観的に行為し合う「私と汝」関係、つまり（私性・主観性が払拭された）「個物と個物」関係が成立する。この「個物と個物」として言い表される関係が、弁証法的一般者の立場から捉えられた新たな「自己と他者」関係として見出されたものである。では、「身体」についてはは弁証法的一般者の立場からどのように捉えられているのであろうか。それは、弁証法的一般者の世界の論理的構造――「個物的限定即一般的限定、一般的限定即個物的限定」（⑦311）を具体的に考えるところから見出されてくる。この論理的構造が意味するものは何であろうか。西田は一九三七年に行った講演「歴史的身体」において次のように述べている。

何分論理の完成ばかりをまっていては限りがないのであって、一昨年位から、論理を決して離れてしまうのではないが、我々に直接な、『善の研究』で考察したような日常の経験に帰り、そこから出立してこの問題（個物的限定即一般的限定、一般的限定即個物的限定）を考へて見ようとするようになった。（括弧内は筆者補足、⑭266）

この引用に見られるように、西田はこの講演やその内容の基である論文「論理と生命」（『哲学論文集　第二』所収、一九三七年）を中心に、弁証法的一般者の論理的構造を日常の経験に帰って具体的に考えようとする。そして、ここから「身体」への注目が出てくる。

では、ここで言われる「日常の経験」とはどういうものであろうか。それは「我々が働く世界」（⑭267）のことである。では、「働く」とは何であるか。それは「物を作ること……我々の働きはすべて制作的でなければならない」（⑭268）という「制作」[2]（ポイエシス）を意味する。つまり、「日常の経験」とは「物を作ること（制作）」ということであり、西田は弁証法的一般者の論理的構造を「制作」という経験から具体的に捉えようとするのである。では、「制作」とはいかなる経験であろうか。「物を作ること」における「物」とは「客観的にして一般的なるもの、我々の如何ともすることのできないもの」（⑧277）という意味で、弁証法的一般者としての世界における私にとってどこまでも客観的で外に独立したものである。そして、「物を作ること」は我々の自己が手を動かすとか足を動かすというような主観的動作だけではなく、「動作の結果として客観的に現れなければならない」（⑧268）と言われる。つまり、自己が主観的動作を通じて作ったものは、外に自己が客観的な事物として表現されたもの（作られたもの）として現れていなければならないということである。さらに西田は、自分が働いて作ったものに関して、大工が造る家を例に挙げながら、「自分の作ったものであるが、自分のものではない、それは公のものとなる」（⑭269）と言い、公のものとは客観的なものであるということから「自分が作ったものであるが逆にそれが自分に対して働く、又他の人に対しても働くのである」（⑭269）と述べる。ここから「物を作る」という「制作」（ポイエシス）とは、「主観が客観になって物を作り、作られたものが作るものを作るといふこと」（⑭271）と言われる。つまり、「物を作る（制作）」とは「作られたものが作るものを作るということ」として捉えられるものであり、それは、自己が物を作るということは自己が物を変ずることであり、その変ぜられた（作られた）物が（作るものとしての）自己を動かし変じて、新たな自己を作るという弁証法的事態として把握されるものである。

　西田は、このような「作られたものが作るものを作る」という「制作」（ポイエシス）が、我々が現実の世界に「行為」することであると捉えている。「我々の行為といふものはその実いつも行動であり、行動といふことはいつも何等かの意味に於て外界を変ずる、外に物を造るといふことでなければならない、ポイエシスでなければならない」（⑧34）。ここで西田は、現実世界における我々の「行為」には、大工の建築製作とか芸術家の作品創作といった一部の限定した場面だけでなく、自己において現れる全てのもの——他人や社会、自然、世界——との関わりの場面においても、「作られたものが作るものを作る」という制作の性質——他人との関わりでいえば、「人と人との間で作られて作ること」——を有していると考えている。ここまで見てきたように、弁証法的一般者の論理的構造を「制作」という日常経験から具体的に捉えようとするとき、次節で詳しく論じるが、「制作」という行為を遂行する「歴史的身体」という新たな「身体」が見出されてくるのである。

第二節　歴史的身体

現実の世界における我々の「制作」という「行為」において、注目しておきたいことは、我々人間が身体をもった存在であることの重要性である。その点について、西田は講演「歴史的身体」において次のように述べている。

現実の世界は我々が働く世界であると考へると、身体が重要な意味を持ってくる。制作の為には身体が無くては不可能である。大工が家を建てるには身体を通さなくてはならない。彫刻家が彫刻を作るのにも身体がなくてはならない。詩人が詩を作るのも皆身体的である。我々が普通考えるように、身体が無くては我々の自己は無いのである。（⑭272–273）

ここで西田が主張していることは、現実の世界のおける「制作」において、我々が自己の外にある物に働き「作られたものが作るものを作る」という弁証法的関係を築けるのは、我々が身体的存在であることに基づいているということの重要性である。我々人間が単なる意識的存在では自己の外にある物に働くということは出来ない。「制作」という我々の行為に「身体」は欠かすことができないのである。

では、そのような我々の身体はどのように考えられているのだろうか。西田は言う、「人間は啻に物を道具として有つのみならず、自己の身体をも道具として有つ。人間は身体的存在であるとともに、自己の身体を道具として有つ」（⑧283）。人間の身体は、動物のように自らの生存維持という目的のためにのみ身体の機能を有する「生物的身体」としての身体的存在だけではなく、「自己の身体を道具としてもつ」ことが人間独自の身体の特徴であると捉えられている。西田は、そのような身体に人間独自の身体を見出し、「歴史的身体」と呼んでいる（⑧318）[3]。

では、人間独自の身体たる「歴史的身体」に見られる「人間は身体的存在であるとともに、自己の身体を道具として有つ」とはどのような特徴を有しているのだろうか。また、そのことが現実の世界における我々の「制作」という行為とどのように関わっているのだろうか。西田は次のように述べる。「物を道具として有つことは、逆に身体を道具として有つといふことであり、行為によって見ることである」（傍点筆者、⑧305）。ここでさらに考えたいのは、この一文に見られる、歴史的身体という身体的存在としての我々の自己が「物を作ること（制作）」は「行為によって見ることである」とはどのような事態を意味しているのであろうかということである。

この点を考える上で重要なことは、我々の自己が「物を作ること（制作）」ということは、同時に物から逆に働きかけられるということである。西田は、歴史的身体としての我々の自己が物との関わりに入る場合、物が逆に我々の自己に働きかけてくることを、物が「表現的」に我々に迫ることと捉えている。「何処までも我々に対するものが表現的に我々に迫ると云ふこと、即ち表現作用的に我々を動かすと云ふことが、物が直観的に我々に現れることである」（⑧408）。では、なぜ歴史的身体を介すると物からの働きかけが「表現」として現れるのか。それは、物は自己の外にある自己の如何ともしがたいものとして我々の自己に対するものであり、歴史的身体としての我々の自己は意識的自己のように単に対象として見るだけでは済まされず[4]、どこまでも身体を介して物と向き合い関わらざるを得ない。我々の自己が身体をもった存在であることは、物との関わりに入らざるを得ないことを意味する。その関わりの只中においては、自己とどこまでも相容れない物からの働きかけは、単なる対象として見られるものではなく、我々の自己を否定する「表現」として現れざるを得ないからであると考えられる。

このように物からの働きかけが「表現」として我々に迫り来ることを、西田は「直観」（物を見ること）と捉えている。「行為によって（物を）見る」こととは、まず物が我々の歴史的身体的自己に対する否定的な表現として現れることであると理解できる。さらに、「行為によって物を見る」ことには、物からの否定的表現が我々の自己に立ち現れるということだけではなく、物からの否定的表現を見ることが同時に物に新たに働き行く行為を我々の自己に惹起せしめるという側面も有する。「行為によって物を見、物が我を限定すると共に我が物を限定する」（⑧131）。つまり、

「行為によって物を見る」とは、歴史的身体としての我々の自己が物を作り、物からの否定的表現を見ること（直観）が、同時にまた物に新たに働きかけることを惹き起こすことなのである。西田はこれを「行為的直観」と定義する（⑧131）。

このような「行為的直観」――「行為によって物を見、物が我を限定すると共に我が物を限定する」――が成り立つのは、ここまで見てきたように、我々の自己が「歴史的身体」という身体的存在として、その身体を自己の内にのみ留めず、自己の外にある物との関わりにおいて有つという側面があるからであると考えられる。[5] 我々の自己が、身体を自己の外にある物との関わりにおいて有つということは、動物のように自らの生存維持という本能的目的のためにのみ外界と関わる「生物的身体」のあり方を意味しない。自己の外にある物に働き、物から我々の自己を否定してくる「表現」を見ること、そのことが我々の自己を物に新たに働き行かしめるという、そのような物との「作られたものが作るものを作る」という関わりにおいて「自己の身体を道具として有つ」ということである。このような身体の在り方が我々人間のみが有する「歴史的身体」なのであり、「人間は身体的存在であるとともに、自己の身体を道具として有つ」という「歴史的身体」とは、我々の身体が単なる「生物的身体」という身体的存在だけではなく、自己の外にある物との「作られたものが作るものを作る」という関わりにおいて「自己の身体を道具として有つ」身体であることと理解できる。「制作」という行為が可能となるのも、我々の身体がここまで見てきたような「歴史的身体」であるからなのである。

ここまで、「制作」や「行為的直観」における「歴史的身体」の重要性を述べてきたのであるが、「歴史的身体」にはもう一点、触れておかなければならない点がある。それは、「歴史的身体」とは歴史過程のただ中で行為的直観を遂行する身体であるということである。[6] 我々の自己が物や他者に行為する身体が「歴史的身体」であり、行為し制作しつつ認識する身体のことなのであるが、単に物を作り、行為するものではないということである。我々の自己も物も歴史過程というものから遊離したものでは決してなく、歴史性をどこまでも帯びた存在である。したがって、我々の自己が物や他者と行為的直観的に関わり合う只中における、物からの否定的表現には歴史性が埋め込まれているのであり、換言すれば、そこには過去から突き付けてくる様々な課題が含み込まれているのである。そして、我々の歴史的身体的自己は物を通じて、歴史過程が有している課題を現在において「行為によって物を見る」ことにより引き受け、新たに物に働きかけ制作し行為するのである。そのような身体であるからこそ、「我々が身体的であると云ふことは、我々の自己が歴史的であると云ふ」（⑧398）と言われるのであり、その意味において「歴史的身体」として捉えられているのである。

本節では、弁証法的一般者の論理的構造（「個物的限定即一般的限定、一般的限定即個物的限定」）を、「制作」という日常の経験に即して主に「歴史的身体」に焦点を当てて具体的に捉えてきた。ここで明らかになったことは、我々の身体が単なる「生物的身体」だけではなく、ここまで見てきたような「歴史的身体」であるということが制作の世界、即ち「作られたものが作るものを作る」という世界の成立の根幹に関わっているということである。

第三節　歴史的世界における「表現的関係」

前節では、「弁証法的一般者」の論理的構造を日常の経験、即ち、「物を作ること（制作）」に即して具体的に把握してきた。本節では、そのことを通じて、西田の思索において、自己と他者や物、自己と世界、自己と絶対者との関係性が、対象論理的関係でもなく、絶対無の自覚に包摂される関係でもない、弁証法的一般者としての世界（歴史的世界）における「表現的関係」への転換が見られることを明らかにしたい(7)。

「制作」とは、「歴史的身体」としての我々の自己が、物を作ることにより、物から我々の自己を否定的に表現してくるものに迫られ、そのことが物への新たな働き行きを自己に惹き起こすという「作られたものが作るものを作る」という弁証法的事態であった。その事態は、我々の自己が「歴史的身体」を介して物や他者と「表現」的に関わり合う関係であると言える。そこには、「弁証法的一般者」としての世界における我々の自己と物や他者との「表現的関係」を見出すことが出来る。

ただ、「表現的関係」を論ずる前に踏まえておきたいことがある。それは、前節では触れられなかった、「制作」における物と世界との関係性である。(8) 弁証法的一般者としての世界、すなわち制作的世界において、「歴史的身体」としての我々の自己に否定的表現として迫り来るのは各々の物であるが、我々の自己は世界の全てを一挙に見ることはできない。しかし、各々の物は世界と無関係のものではない。物は世界の一表現点ともいえる。故に、物が我々の自己を否定する表現として迫るということは同時に、その都度の物との関わりを通じて、世界が我々の自己に対して否定的に表現してくるということである。西田は、世界からの我々の自己に対する否定的表現を「世界の自己限定」(⑦339) として捉えている。この意味において、物が我々の自己に否定的表現として迫り来ることは、世界が我々の自己に対して否定的に表現してくる「世界の自己限定」ということなのである。以上のことを踏まえて、弁証法的一般者の論理的構造に即して言えば、物を作ることが(物を通じた)世界からの否定的表現が我々の自己に迫ること――個物的限定即一般的限定――であり、そのような世界の自己限定が我々の自己を物(世界)への新たな働き行きを生み出すということ――一般的限定即個物的限定――なのである。西田は、このような弁証法的一般者としての論理的構造を「真の歴史の世界に於ては、我々が客観を限定し、客観が我々を限定する」(⑦325) と捉え、「歴史的世界」と定義する (⑦325)。

このような意味で、歴史的世界における「表現的関係」とは、我々の自己が「歴史的身体」を介して物や他者と「表現」的に関わるだけではなく、物や他者を通じて世界とも「世界の自己限定」を介して「表現」的に関わり合う関係なのである。換言すれば、行為的直観的に関わり合う関係なのである。このことは翻って言えば、歴史的世界における「表現的関係」とは、我々の自己と物や他者、自己と世界との関係において真に弁証法的な事態、つまり、真に「死することによって生きる」という「非連続の連続」的な事態と言える。そして、そのような意味での「非連続の連続」的な事態を可能にしているのは、歴史的世界における「制作」を遂行する「歴史的身体」なのである。

このように後期西田の身体論として成立した「歴史的身体」には、中期の身体論である「（私と汝における）非連続の連続を可能にする身体」に内在していた問題と課題――主観的世界を脱し得た客観的世界が成立し、そこにおいて相独立・相対立し合う「私と汝」や（そうした私と汝の）非連続の連続を可能にする「身体」が求められている――が克服された身体論を見出すことができると考えられるのである。

ここで留意しておきたいことは、以上のように弁証法的一般者としての世界、すなわち歴史的世界を見てきたことを通じて、「歴史的身体」は「当為」との密接な関わりが見出されてくるということである。西田は、歴史的世界における「当為」について次のように述べている。「真の客観的当為とは、我々が制作的身体的に繋がる歴史的生命の世界の客観的表現として我に臨むものでなければならない」（⑨26–27）。つまり、歴史的世界において、世界から自己に対して否定的に表現してくるもの、上の引用では「歴史的生命の世界の客観的表現」が「真の客観的当為」なのである。換言すれば、歴史的世界において我々の自己に迫り来る「世界の自己限定」が「当為」であると捉えられている。西田はこのような「当為」をさらに「厳粛なる課題として客観的に我々に臨んで来るもの」（⑨181）と述べる。「世界の自己限定」としての「当為」とは、世界からの厳粛なる課題という表現を有して我々の自己に対し臨み来るものなのである。そして、このような歴史的世界における「当為」が当為たり得るのは、我々の自己が世界から迫り来る否定的表現に媒介される「歴史的身体」という身体的存在であるからなのである。「当為」は、歴史的世界において我々の自己が行為的に直観し行く只中で、「歴史的身体」を通して現れる。より具体的に言えば、「歴史的身体」としての我々の自己が物との行為的直観的な関わりの只中において、「当為」は物の方から我々の歴史的身体的自己に「表現」として迫り来る所に現れる。このように、後期西田の歴史的世界の立場から捉えられる「当為」は、「歴史的身体」と密接に関わっているのである。

また、このような意味で、西田にとっての「当為」は、カントのいう「当為」とは異なる性質を有するものとなる。

つまり、カントのように、我々の自己の本質を理性的存在者として捉え、意志が道徳的法則に従って実践理性的に行為する所に「当為」を見るという意識的主観的自己の立場からの道徳的当為とは異なるものとなるのである。西田の立場は、制作的世界としての歴史的世界において、自己の心の内面の底からではなく、自己の外にある物からの否定的表現に我々の歴史的身体的自己が迫られ、物からの働きかけにより自己が作られ、物を変じ行く所に「当為」を見るという立場である。それは「制作」における歴史的身体的自己の立場からの道徳的当為であると言える。

ただ、歴史的世界における「表現的関係」は、ここまで論じてきた内容だけでは収まり切らないものをも含んでいる。それは「歴史的身体」の在り方にも密接に関わるものである。西田は、論文「論理と生命」において次のように述べている。

創造的要素として歴史的身体的なる我々の自己は、行為的に直観し行くと共に、かゝる歴史的生命の底に、無限なる創造者の声を聞くのである。当為といふのは、普通に考へられる如く我々の心の底から現れるのではなく、客観的生命の自己形成に基くものでなければならない。（⑧355）

この引用文において注目したい点は、「歴史的身体」としての我々の自己が物に働きかけ、逆に物からの否定的表現に迫られ、そのことがまた物への働きかけを惹き起こすという行為的直観の只中において、同時にその底に「無限なる創造者の声を聞く」という宗教的・超越的次元からの働きも含めて捉えられていると考えられる点である。(9)「当為」の問題に引きつけて言えば、「当為」は物（世界）からの厳粛なる課題という「表現」を有して我々の自己に対し臨み来るものなのであるが、その「表現」の底には同時に宗教的・超越的次元からの「表現」も我々の自己に対して働いているのである。

このような事態を換言するなら、歴史的世界における「表現的関係」には、我々の自己が「歴史的身体」を介して物や他者、さらには世界と「表現」的に関わり合うその底に宗教的・超越的次元からの「表現」との関わりも生じているという、いわば「表現的関係」の二重性が存在しているということなのである。このような独特の二重性を有した歴史的世界における「表現的関係」はどのように理解すればよいのであろうか。この点に関する解明は、次章において、西田がキルケゴールの『死に至る病』を自らの立場から独自に解釈している論文「実践哲学序論」（『哲学論文集第四』所収、一九四一年）を手がかりにして行っていきたい。

注

（1）この点に関し、三木清は以下のような疑問を呈している（「西田哲学の性格について――問者に答へる――」、『思想』一六四号、一九三六年一月号）。その内容は、後期西田の根幹に存在する不十分な点を鋭く突いた問いであると筆者は考える。「一つの疑問は、個物が無数の個物に対するということのみで真に矛盾が考え得るかということである。無数の独立な個物が非連続的に存在するという事だけから過程的弁証法は考えられず、個人が二つの階段の如きものに統一されて対立することによって初めて社会的矛盾が考えられるように、弁証法は多元的でなく二元的になることによって初めて過程的弁証法となり得るのではないかという疑問である」（『三木清全集』第一〇巻、岩波書店、一九六七年、四三四頁）。

（2）筆者は、西田哲学における「制作」や「行為的直観」、「歴史的世界」などの重要概念について、二〇一六年四月に逝去された杉本耕一氏の著作『西田哲学と歴史的世界――宗教の問いへ――』（京都大学学術出版会、二〇一三年）や氏との様々な思想的交流から多大なる学びを得させて頂いた。

（3）「歴史的身体」について、論文「行為的直観の立場」では次のように述べられている。「私が此に身体といふのは単に生物的身体をいふのではなく、表現作用的身体をいふのである、歴史的身体を意味するのである」（⑧185）。

（4）後期西田においては、我々の自己は「歴史的身体」という身体的存在として捉えられ、「意識」は、もはや心身関係において身体より優位で中心的な立場ではなく、我々の歴史的身体的自己における一側面として位置づけられる。「意識あって身体あるのではなく、身体あって意識があるのである。……意識といふのは、我々の身体を越えたもの、或は離れたものと考へられるかも知らぬが、意識は何処までも我々の身体的自己の自己肯定でなければならない」（⑧345）。このような後期西田における意識と身体の関係性の理解から、前期のそれとは大きく変容しているがわかる。すなわち、前期においては、意識内在的なものが根底的・中心的で、身体はそれが外界に現れたものとして理解されていたが、後期西田においては上述のように、その関係性はむしろ逆転していることが見出されるのである。

（5）　後期西田の身体論における重要な先行研究として、野家啓一・前掲論文（創文社、一九九四年、注43を参照）がある。野家氏は、現象学の観点から後期西田の身体概念に着目し、その思想に、後期フッサールやメルロ＝ポンティの現象学的身体論に通じるものがあると主張し、西田の「歴史的身体」における現代的意義を論じている。その内容を端的に述べると、それは以下のようなものである。野家氏によれば、西田は後期の思索において、「行為的直観」の概念を提起したことにおいて、フッサールが「運動感覚（キネステーゼ）」の体系として身体を捉えることを通じて行ったのと同様に、宙に浮かんだ空虚な理性を身体の大地へ根付かせた。まずこの意味で、西田は「身体」に関わる問題意識をフッサールと共有しており、フッサールと肩を並べている。さらに、西田のその「身体」は、宙に浮いた抽象的理性を「歴史的実在の世界」の中へ根付かせることという課題にも踏み込み、歴史哲学の領域にまで身体概念の射程を拡張することによって、「歴史的身体」という独自の視界を切り開いた。その点において、西田の「歴史的身体」はあくまでも超越論哲学の枠組の内部に留まったフッサールに一歩を先じたものであるといえる。この概念によって捉えられたのは、歴史的現実の世界のうちで、物を作ること（ポイエーシス）を通じてそのものを認識し、さらにそのことにより逆に自己が作られ、一方で歴史的現実も新たに創造されていくという、（学問化された経験科学以前の）直接的な経験の基盤である。また、それはフッサールの「生活世界」と重なり合うものである。歴史的身体としての我々の自己と世界とのこのような関わり合いを、西田は「却って真に肉体的に生きるもののみ、真に行為的に物を見るのである。世界が自己の身体となるのである」（⑧342）という言葉で述べているが、それは「心は身体に即して考える」（メルロ＝ポンティ『眼と精神』、滝浦静雄・木田元訳、みすず書房、一九六六年、二七九頁）のであって、「世界はほかならぬ身体という生地で仕立てられている」（同、二五九頁）というメルロ＝ポンティの言葉とこそ響き合っているのである。筆者は、野家氏が現象学的な観点から後期西田の「歴史的身体」に着目して、その現代的意義を見出している点には賛同を示す者である。ただ、一方で、野家氏が西田哲学を現象学の文脈上で読み解こうとするが故に、「歴史的身体」概念の有するある重要な側面が意図的に見落とされているという問題も存在すると思われる。その問題点については、本章注9において指摘しているので参照を願いたい。

（6）　藤田正勝・前掲著作（『西田幾多郎の思索世界』「第七章　後期西田哲学の問い」、二〇一一年、一八一―一八二頁、第三章・注8に記載）を参照。

（7）　後期の思索における西田の「表現」概念を論じたものとして、以下の論文を参照。長谷正當「表現と自覚」『心に映る無限――空のイマージュ化――』（法藏館、二〇〇五年）、岡田勝明「西田幾多郎における表現の論理」『姫路獨協大学紀要』第二六号（二〇一三年、一〇一―一一五頁）、丹木博一「「表現」の否定的構造について――『哲学論文集第三』における現象学的真理論――」

(『西田哲学会年報』第一二号、二〇一五年、七六―九五頁)、藤田正勝「表現と身体――「表現的存在」としての人間――」(『日本の哲学』第一七号、二〇一六年、一〇六―一二〇頁)。

(8) 杉本耕一・前掲著作『西田哲学と歴史的世界――宗教の問いへ――』(二〇一三年、一六三―一六四頁、本章注2に記載)を参照。

(9) ここで筆者が着目したい点は、後期西田の身体論に関する従来の西田哲学研究では、西田の身体論の中核概念である「歴史的身体」は、現象学の視点からの論究が中心で(本章注5において野家氏の前掲論文に関して論じた内容を参照)、また「歴史的身体」の立場から捉えられた「当為」の問題も行為的直観的な身体的・行為的連関の次元で論じられるものが殆どであった(小坂国継『西田幾多郎 その思想と現代』(ミネルヴァ書房、一九九五年)、竹内良知『西田哲学の「行為的直観」』(農山漁村文化協会、一九九二年)を参照)。そのため、後期西田の身体論、および歴史的身体の立場から捉えられる「当為」の問題を、歴史的世界において物が我々の歴史的身体的自己に「表現」的に迫る所に現れる当為のその底に、「無限なる創造者の声を聞く」という宗教的・超越的次元からの表現も含めて捉える研究は未だほとんどないのが現状であり、そうした観点に立って後期西田の身体論と「当為」の問題を捉え直していくことが必要であると考える。

第六章 「表現」と「超越」

――論文「実践哲学序論」を手がかりに――

前章では、西田の後期の思索において、弁証法的一般者としての世界（歴史的世界）における自己と他者や物、自己と世界との関係性が、対象論理的関係でもなく、絶対無の自覚に包摂される関係でもない、歴史的世界における「表現的関係」として捉えられることをまず見てきた。その上で、そのような「表現的関係」にはその底に宗教的・超越的次元からの働き（表現）が存在するという独特の二重性を有した関係構造として、西田は歴史的世界における表現的関係を捉えていることを指摘した。それは、西田が論文「論理と生命」において次のように述べたものであった。以下に、再度引用する。

創造的要素として歴史的身体的なる我々の自己は、行為的に直観し行くと共に、かゝる歴史的生命の底に、無限なる創造者の声を聞くのである。当為といふのは、普通に考へられる如く我々の心の底から現れるのではなく、客観的生命の自己形成に基くものでなければならない。（⑧355）

では、このような歴史的世界における二重性を有した表現的関係、つまり我々の自己が「歴史的身体」を媒介として物や他者、さらには世界と表現的に関わり合うその底に宗教的・超越的次元からの働き（表現）とも関わっているとはいかなる関係なのかを、その宗教的・超越的次元からの働きに焦点を当てながら解明していきたい。

本章では、そのための重要な手がかりとして、西田がキルケゴールの『死に至る病』に強く共感しつつ、その思想を独自に解釈して自らの「実践哲学の根柢」を見出そうとした論文「実践哲学序論」（『哲学論文集 第四』所収、一九四一年）を主に用いて考察を行っていく。ここで、なぜ歴史的世界における表現的関係の二重性を捉えようとする際に、論文「実践哲学序論」に手がかりを求めるのかという問いが生じると思われる。それは、後に詳しく論じるが、西田が自らの「実践哲学の根柢」を考究するにあたり、キルケゴールが明らかにした「意識的自己の成立の根柢」を西田独自の観点である「歴史的身体的自己の成立の根柢」から捉え返す思索内容の中に、歴史的世界における二重性を有した表現的関係を把握するための核心的内容が存在しているからである。換言すれば、我々の自己が「歴史的身体」を介して物や他者、さらには世界と行為的直観的に関わり合う只中において、同時にその底に「無限なる創造者の声を聞く」という表現的関係の二重構造を理解するための鍵となる内容がそこに存するからである。従って、歴史的世界における表現的関係の二重構造の解明は、論文「実践哲学序論」における西田とキルケゴールの思想の比較思想的考察を通じて行われることとなる。

さらに、本章におけるもう一つの考察の目的は、そのような比較思想的考察には、歴史的世界における表現的関係のその底に働く宗教的・超越的次元からの表現には、我々人間に先立って働く絶対他者的な超越的なるものの「先行性」、絶対者と人間との関係における「不可逆」性を見出すことができるという意義をも有していると考えている。その点に関する考察を、両者の思想が深い所で相交わる接点（ここではその接点を「「実践哲学の根柢」の原型」と名付けておく）を明らかにすることを通じて行っていきたい。

本章では、以上述べた二つの目的を明らかにするために、論文「実践哲学序論」を主に扱いながら西田とキルケゴールの比較思想的考察を行っていく。その考察のために中心的に取り上げるのは、キルケゴールの言う「人間の自己とは単なる関係ではなくして、自己自身に関係する関係であると共に、全関係を措定した第三者への関係である、即ち絶対他者への関係である」（⑩23）という自己の捉え方であり、その点に着目して考察を行う。

第一節　キルケゴールへの共感

本節では、まず西田が自らの「実践哲学の根柢」を考究するにあたり、キルケゴールの『死に至る病』のどのような内容に強い影響をうけたのかということを明らかにしていきたい。一九四〇年二月九日、西田は久松真一に宛てた書簡の中でこう書いている。「キルケゴールの Krankheit zum tode『死に至る病』というものを読んでみました　無論全くキリスト教の信仰ですが宗教心の分析といふものは誠に深酷のものとおもひます　之を材料として少し実践哲学の根柢を書いてみたいと思ひ居ります」(⑲100)。西田が論文「実践哲学序論」(『哲学論文集第四』所収、一九四一年)において「実践哲学の根柢」の究明を試みたのは、実はこうしたキルケゴールの『死に至る病』への強い共感があったからである。では、西田はキルケゴールの『死に至る病』のどのような内容に強い共感を抱いたのであろうか。[1]その点について、論文「実践哲学序論」において西田がキルケゴールの思想に言及している内容から見ていきたい。

西田の思索において、キルケゴールが登場してくるのは処女作『善の研究』よりも早い時期で、明治三七年に『北辰会雑誌』第四五号に掲載された「自覚主義」という小論においてであるが、本格的にキルケゴールの思想を取り上げるのは中期の著作『無の自覚的限定』においてである。ここで西田は、「絶対無の自覚的限定」を時間論的に、言い換えれば「永遠の今の自己限定」として捉え、その立場から実在世界の解明を試みるのだが、その際に西田に強い影響を与えたのがキルケゴールの時間論、「瞬間」としてのパラドックスの思想である。西田の思索において既にキルケゴールは重要な位置を占めるに至っていたのだが、その後、しばらくはキルケゴールの思想は取り上げられなかった。そして、再びキルケゴールの思想が本格的に論じられるのが後期の著作『哲学論文集 第四』に所収の第一論文「実践哲学序論」においてである。

論文「実践哲学序論」は、冒頭から『死に至る病』の思想が客観的に要約され、第一節のすべてがその精細な要約に当てられている。この事実は西田がキルケゴールの思想にどれほど深く共感していたかを如実に示しているものと思われる。論文「実践哲学序論」では、こうした西田のキルケゴールへの強い共感を元に、『死に至る病』を出立点として実践哲学の基礎づけが試みられる。西田はキルケゴールの『死に至る病』のどのような内容に自身の心を強く動かされたのであろうか。(2)「実践哲学序論」の冒頭において、西田は次のように述べる。

キルケゴールの『死に至る病』は、その根柢となって居る考がキリスト教的であり、論じ方はパトス的ではあるが、我々の自己の深い内省的分析として、極めて深酷に徹底的と云はざるを得ない。何処までも我々の自己を突き詰めたものである。由来、哲学には此の如き自己と云ふものの深い内省を欠いて居る。従って道徳に於て自己を否定すると云っても、その根拠が明かでない。実践といっても、真に歴史的実践を考へて居るのではない。すべて唯意識的自己の立場から考へて居るに過ぎない。(107)

従来の哲学は、抽象的な意識的自己の立場から実践の問題を考えており、我々の自己そのものの成立の根柢を問題にしてこなかった。それに対して、キルケゴールは自己の深い内省的分析によって、〈自己そのものの成立の根柢〉〈意識的自己の成立の根柢〉に踏み込み、突き詰め、その独特の性格を明らかにしたのであり、西田のキルケゴールに対する強い共感もこの点から生じてくる。では、キルケゴールが明らかにした〈意識的自己の成立の根柢〉とはどのように捉えられているものなのであろうか。それはキルケゴールの言う「人間の自己とは単なる関係ではなくして、自己自身に関係する関係であると共に、全関係を措定した第三者への関係である、即ち絶対他者への関係である」(10 23)という自己の捉え方である。このキルケゴールの極めてパラドキシカルな自己の捉え方を西田は高く評価し、「実践哲学はかかる立場から基礎付けられねばならない」(104)と考えるに至る。

では、上述したキルケゴールの自己の捉え方とはどのようなものなのであろうか。キルケゴールによれば、人間とは一つの綜合――有限性と無限性との、時間的なものと永遠的なものとの、必然と自由との綜合――という二つのものの間の関係であるが、単に総合が一定の固定的関係としてそこにあるのではない。そうではなく、自己が内面的に自己自身と関わり、取り組み合うことにより、相反する相矛盾する二つの関係項の間で、関係の仕方に応じて――調和して釣り合いが取れたり、まったく取れなかったり――出来てくる関係が違ってくる。そのような動的な関係が（単なる関係ではない）「自己自身に関係する関係」であり、それが「自己」であるとされる。そして、このような綜合としての自己の不均衡・不調和な状態を「絶望」と呼ぶ。

ただ、キルケゴールは「自己自身に関係する関係」において、自己が自己自身で調和した均衡の取れた綜合を為し得ることはないという前提に立つ。それは、自己は自己自身を自分で措定したのではなく、「絶対他者」によって措定されたものであると捉えているからである。それ故に、人間の自己は自己自身に関係する関係であると共に、自己自身に関係することにおいて同時に自己自身を措定した「絶対他者」にも関係するのであり、そのことによって「人間の自己」なのである。そして、このことから本来的な「絶望」に二形式あることが導き出される。人間の自己が自分で自己を措定した単なる自己関係であれば、絶望して自己自身であろうと欲することはなく、自己自身から逃れ出ようとする絶望の形式のみが問題となるであろうが、自己関係が同時に自己自身を措定した絶対他者に関係することでもあるがゆえに、絶望して自己自身であろうとするような絶望形式が存するのである。人間は決して、自己自身で均衡と平安に達することはできず、ただ自己自身に関係することにおいて「絶対他者」（神）に関係することによってのみ、それが可能なのだと考えられている。

ただ、キルケゴールいわく、ここまで問題にしてきたことは、人間的な自己、その尺度が人間である自己の規定内でのことなのである。人間が「神に対して」自己であるということによって、「神の前の自己」「神を尺度とする人間的自己」が問題となる。それは言い換えれば、〈自己そのものの成立の根柢〉が真に問題となる時の自己と考えられる。そして、そこで問題となるのが「罪」である。キルケゴールは言う、「人が神の前に（或は神の観念を有しながら）絶望して自己自身であらうと欲しないこと、又自己自身であらうと欲することが罪である」。人間の罪とは、神の前において、自己そのものの成立の根柢が真に問題となる時において、自己が神の観念を有しながら、神の意志を自己の意志となそうとしないことであり、その意味で自己そのものの存在に根差している罪なのである。よって殺人や窃盗、姦淫といった類いの罪ではなく、「我意」が罪であるのである。西田は〈自己そのものの成立の根柢〉が真に問題となる「神の前の自己」というキルケゴールの自己の捉え方に「極めて深酷で徹底的」なるものを見たと考えられるのであり、その点について次のように述べる。「罪は自己自身の存在そのものに於て考へられるのである。而して真に罪と云ふものが考へられぬ所に、真に自己と云ふものはない」（⑩22）。西田が『死に至る病』から深く心を動かされたのは、こうした所にあるのではないかと考えられる。

第二節　西田のキルケゴール『死に至る病』理解

前節で見たように、西田は人間の自己は自己自身に関係する関係であると共に、全関係を措定した第三者（絶対他者）への関係であるというキルケゴールの自己の捉え方に極めて深く共感している。しかし、西田は単にキルケゴールの思想に共感しただけなのではなく、その思想を自らの後期の立場から捉え直そうとするのである。後期西田の立場の特徴とは、論文「実践哲学序論」以前の『哲学論文集　第三』（一九三九年）において到達した「絶対矛盾的自己同一」や「作られたものが作るものへ」という原理を根本的思想する立場である。「絶対矛盾的自己同一」とは、「歴史的身体」を拠点にした「行為」の立場に立ち、その立場から自他や現実的世界の構造、つまり歴史的世界を捉えていくことを志向し、世界は全体的一と個物的多との「絶対矛盾的自己同一」という原理で自己自身を創造的に形成するという考えに至った立場である。歴史的世界の在りようはこの原理で示されるものであり、その構造は「作られたものから作るものへ」（「作られたものが作るものを作る」）という言葉に集約される。前章で論じた内容に即して言うなら、「弁証法的一般者」の世界（歴史的世界）の論理的構造は「個物的限定即一般的限定、一般的限定即個物的限定」と捉えられたが、この言葉で表現されていたものを「絶対矛盾的自己同一」や「作られたものから作るものへ」という表現で言い表したものである。つまり、我々の自己は「物を作ること」を通じて物や（世界のほんの片隅であったとしても）世界を変じていくが、（その変ぜられた）物や世界からの否定的表現に我々の自己が迫られることにより、我々の自己は物への新たな働き行きを惹き起こされ、世界を変じ形成していくという弁証法的事態のことと言える。同時に我々の自己のこのような「物を作る」という「行為」を通じた「作られたものから作るものへ」という創造的過程が、歴史的世界が自己自身を創造的に形成していることであると把握されるものである。これらの事態の中に見られる個物的限定と一般的限定とのあいだに矛盾的でありながら自己同一的な関係が見出されることから「絶対矛盾的自己同一」と言い表されたと考えられる。

論文「実践哲学序論」とは、西田がこの論文以前の『哲学論文集　第二』において到達した「絶対矛盾的自己同一」や「作られたものが作るものへ」という原理を根本的思想として実践の問題に取り組み、キルケゴールの『死に至る病』を独自に捉え返すことにより、自らの「実践哲学の根柢」を究明せんとするものなのである。

では、西田は先述したキルケゴールの自己の捉え方を、自らの後期の立場からどのように捉え返しているのであろうか。キルケゴールの自己の規定について、西田が述べる次の一文から考えていきたい。

かかる自己の作用と云ふのは、何処までも自己自身の内から自己を限定する個物的限定として、目的的作用型であると共に、絶対他者によって措定せられたものとして逆作用型でなければならない、……矛盾的自己同一的世界の自己限定として、かかる作用は作られたものから作るものへと考へられるものである。(⑩45)

まず、西田はキルケゴールの言う「自己自身に関係する関係」を「自己自身の内から自己を限定する個物的限定」と捉え、端的に言えば、主観的な意識作用として解している。そしてここで重要なことは、「全関係を措定した第三者（絶対他者）への関係」を西田が「矛盾的自己同一的世界の自己限定」として「作られたものから作るものへ」と捉えていることである。これはどのようなことを意味するのであろうか。西田はその点について続けて言う。

我々が何処までも目的的作用型の自己から出て、歴史的世界に於て外に物を作ると云ふことは、我々の自己が矛盾的自己同一として絶対他者に措定せられたもの、即ち作られたものから作るものとして可能となるものであり、それは何処までも逆作用型的に働くと云ふことでなければならない。(⑩45)

つまり、歴史的に制約された世界において、自己が外に「物を作る」ということが、主観的な意識作用としての自己から出て、「絶対他者に措定せられたもの」＝「作られたものから作るもの」としての自己を可能にすると言われている。(3) このことは一体、何を意味しているのであろうか。その点について、この引用文中にある「外に物を作る」という点から考えていきたい。

「(外に)物を作る」とは、「制作(ポイエシス)」ということである。自己が物を作るということは、自己が物を変ずることであり、その変ぜられた物が(作るものとしての)自己を変ずるという「作られたものが作るものを作る」という弁証法的事態である。「制作」とは、我々が現実の世界に「行為」することであるとされる。そして、前章で見たように、我々の「制作」という「行為」が可能なのは、我々が「歴史的身体」という身体的存在としての自己だからなのである。我々の自己が「歴史的身体」であるからこそ、「行為によって物を見る」という「行為的直観」が可能となる。即ち、「歴史的身体」としての我々の自己が物を作り、物が我々の自己に対して否定的な表現として迫り来ることが、同時にまた自己が物に働くことを惹き起こすということを可能にするのである。そして、こうした「(外に)物を作る」という「歴史的身体」を媒介とした「制作」が、「作られたものから作るもの」ということなのであり、前章に即して言えば、歴史的世界における(自己と物や他者、自己と世界との)表現的関係のことである。

ここまで、「物を作る」(制作)という「行為」に焦点を当てて、我々の自己が「絶対他者に措定せられたもの」＝「作られたものから作るもの」としての自己の在り方が如何なるものなのかを見ているわけだが、ここで注意すべきことは、これまでに捉えられた「制作」としての世界は、あくまでも歴史的身体的自己という自己の立場に留まった次元のものであるということである。ここで言う、自己の立場とは、我々の歴史的身体的自己は、常に自己の外から物からの否定的表現に晒され続けるが、そのような物からの否定的表現に対して自己の「自力」で応えんとする在り方を言う。言い換えれば、ここまで述べられた、歴史的世界における表現的関係とは、我々の歴史的身体的自己が「自力の立場」で自己と物や他者、自己と世界と表現的に関わり合う関係であると言える。

しかし、「制作」の世界としての歴史的世界は、次節で論じるように、(自力の次元を残す)歴史的身体的自己そのものが絶対的に否定される次元も含み込んで捉えられるものなのである。そして、そのことと我々の自己が「絶対他者に措定せられたものとして逆作用型」であり、「作られたものから作るもの」としての自己であることととは密接に結びついている。さらに言えば、歴史的世界における表現的関係がその底に「無限なる創造者の声を聞く」という宗教的・超越的次元からの働きも含められて捉えられていることとも重なり合うことなのである。それはどういうことなのであろうか。

第三節　全関係を措定した「絶対他者」への関係

前節で述べた、我々の「制作」の世界としての歴史的世界には、自己の外にある物からの否定的表現に対して、我々の歴史的身体的自己が自己の自力の立場で応えることが出来ず、その歴史的身体的自己の立場そのものが絶対否定される次元とは、どのような事態を意味するのだろうか。

それは、歴史的世界における物からの否定的働きが極限的に表現されたものとして我々に迫り来るという事態であると考えられる。西田が人生上で遭遇した経験で言えば、五人もの愛する我が子の死に直面した経験がそれに当たるであろう。そのような極限状況ともいえる事態では、我々の歴史的身体的自己が自らの自力で向き合おうとしても、どこまでも苦悩や絶望や悲哀に押し潰されるのであり、そこに宗教的・超越的次元からの働きを求めざるを得ない側面が見出されると考えられる。そしてこのことと、我々の自己が歴史的世界において「物を作る」ことが「絶対他者に措定せられたものとして逆作用型」＝「作られたものから作るもの」としての自己となるという在り方——歴史的世界における表現的関係（行為的直観的関係）の底に無限なる創造者の声を聞くという在り方——とは密接に結びついているものなのである。

ここで考えてみたいのは、では、歴史的世界における物からの否定的働きが極限まで表現されて我々に迫り来るという事態は一体どこから生じているのであろうかということである。それは「絶対に超越的なるもの」（⑨46）からであると考えられる。この「絶対に超越的なるもの」とは、西田においては「絶対無」（絶対者、絶対的一者）を意味する。「絶対無とは、すべてに対し超越的なると共に、すべてが之によって成立するものでなければならない。而してかゝる一般者の自己限定として自己自身を形成する世界は、我々の自己がそこからそこへと考へられる歴史的・社会的形成の世界でなければならない」（⑨5-6）。

西田はこの「絶対に超越なるもの」について、『哲学論文集第三』（一九三九年）に所収の第一論文「人間的存在」で次のように述べている。

> 絶対は近づくべからざるのみならず、これに向ふと云ふこともできないものである。被造者から創造者に行く途はない。併し現実はいつも絶対に超越的なるものによって媒介せられ、我々は之に向ふと云ふことすらできない絶対から、我々は向ふ所を示されるのである。（⑨46）

この絶対には、我々の自己から向うことが決してできない、我々人間に対してどこまでも超越している無限なる創造者、いわば神の働きが含意されていると考えられる。しかし、絶対としての創造者の働きは、我々に対してただ超越しているだけではない。絶対としての創造者から我々は「向う所を示される」のである。それはどのようにして可能であるのか。西田は言う、「歴史的形成の世界に於ては、超越的なものが内在的に働いて居る」（⑨34）のであり、「それは表現的に（象徴的に又は符号的に）働いて居るのである」（傍点筆者、⑨34）。つまり、「絶対に超越的なるもの」は自らの超越性を絶対否定して歴史的世界に内在化し、その内在化は歴史的世界において「表現的（象徴的または符号的）に働く」という形で現れるということである。ここには、超越的な創造者が自らを絶対に死して歴史的世界において内在化し「表現」として現れるという、創造者自身の「死して生れる」という「創造」の働きが見出せると考えられる。

ここで重要なことは、超越的なる創造者が歴史的世界に内在化して働く「表現」が、我々が創造者から「向う所を示される」ことを可能にするものなのであり、その「表現」こそが、歴史的世界において「物」からの否定的働きが極限まで「表現」されて我々に迫り来るという事態なのである。西田はそのような「表現」を「歴史的世界の唯一局面に於て、何処までも個物的なる我々の自己に臨み来る絶対表現」（⑩58）として「無上命令としての実践的当為」（⑩58）と捉える。そして、我々の自己が歴史的世界の唯一局面を媒介として「実践的当為の無上命令」である「絶対表現」に結合し、それによって動かされる所に「実践的行為」があり、その唯一局面において我々の自己は「絶対に触れる」（⑩56）のである。

この事態を我々の歴史的身体的自己に即して言えば、歴史的世界において我々の自己は物からの極限的な否定的表現に迫られ、どれだけ自分の力であがいてもがいても自己の自力で応えることは決して出来ない。そこに、超越的なるものの「絶対表現」を前にした時の「我々の自己存在が自己矛盾そのもの」であるという我々の自己存在の自己矛盾的事実が厳然と立ちはだかる。その自己矛盾的事実が我々において極まり行く時、我々の歴史的身体的自己は「歴史的身体的方向の底に歴史的身体的なるものを否定」（⑩70）せしめられ、我々の旧来の歴史的身体的自己は死して、「絶対に超越的なるもの」から「向かう所を示される」ものに従う真の自己――絶対者の一表現点として世界を形成する「創造的世界の創造的要素」（⑨250）としての新たな歴史的身体的自己――に転じせしめられるのである。

その点について、西田は「実践哲学序論」の補説である論文「ポイエシスとプラクシス」で次のように述べる。「我々の自己はかかる世界に於て何処までも超越的なるものを反射するものとして、我々の自己であるのである、此外に我々の自己と云ふものはない」（⑩147）。つまり、（自力の立場を残した）旧来の我々の歴史的身体的自己は自己自身をその底に絶対否定して死することにより「絶対に超越的なるもの」の働きに従った、絶対者の一射影点として世界を形成するもの――「創造的世界の創造的要素」としての新たな歴史的身体的自己――に転換せしめられるのであり、そこに「真の自己」があるということなのである。

西田は、「実践」（プラクシス）とは自己自身を目的として働くこと、自己自身を形成することと規定しているが、絶対者の一射影点として世界を形成するもの（創造的要素としての歴史的身体的自己）となることを「そこに我々の自己の存在があり、目的がある」（⑩152）として「我々の真のプラクシス」（⑩150）であると捉える。そして、自己の外に物を作るという「制作」（ポイエシス）は「かかる形成作用（絶対者の一射影点として世界を形成するもの――創造的世界の創造的要素としての歴史的身体的自己――となること）として、我々の自己が歴史的世界に於て物を形成して行くこと」（括弧内は筆者補足、⑩150）として、この「真のプラクシス」に基礎づけられた「ポイエシス」として理解される。

ここにはまた、我々の「真の自己」と「世界」の在り方にも大きな変容が生じているということが見出せる。それは、（前節で見たような）歴史的世界における「制作」を通じて我々の自己が「作られたものが作るものを作る」「作られたものから作るもの」という形で絶えず変じ変ぜられている自己というのは、あくまでも制作する個々の「自己」の立場から出立し、その「自己」が「世界」を形成し行くものと捉えられていた。しかし、本節の考察を通じて、我々の「真の自己」とは、絶対者の一表現点として世界を形成する「創造的世界の創造的要素」（⑨250）としての歴史的身体的自己として捉えられた。この「自己」と「世界」の在り方が新たに意味するところは、「歴史的世界」は我々の自己の「制作」を通じて「作られたものから作るものへ」としての世界が形成されるものとして把握されていたが、「歴史的世界」とは（この世界に内在化して働く）「絶対に超越なるもの（絶対無）」によってすべてが成立するものであり、「歴史的世界」自身が絶えず「作られたものから作るものへ」と創造的に自己自身を形成する「創造的世界」として新たに捉えられ、我々の自己もその「創造的世界」の「一要素・一表現点」として働くのが我々の「真の自己」であるということである。ここから言えることは、自己の「制作」というものは、制作する個々の「自己」から出発するものではなく、「歴史的世界」全体の創造的な「制作」の中の一環としてあるということである。「歴史的身体」についても、個人的意識から自己の「身体」を認識するといった「身体」ではなく、最初からすでに「世界」全体の創造的な働きと深く関わっている「身体」であるということが言える。そのことを西田は、我々の「真の自己」は「創造的世界の創造的要素」であると言い表しているのである。

以上のような論述から、西田がキルケゴールの自己の捉え方を独自に解釈し、我々の自己が歴史的世界において「物を作る」ことが、「絶対他者に措定せられたもの」＝「作られたものから作るものへ」としての自己を可能にするという在り方――歴史的世界における表現的関係（行為的直観的関係）の底に無限なる創造者の声を聞くという在り方――とはどういうことなのかが明らかとなる。換言すれば、西田が「実践哲学の根柢」をキルケゴールの〈意識的自己の成立の根柢〉から基礎付けようとしつつ、その自己の在り方を〈歴史的身体的自己の成立の根柢〉から独自に解釈して見出した「実践哲学の根柢」とはどのようなものか――が明らかとなる。

それは、我々の歴史的身体的自己が「物を作る」ことを通じて、（自己の自力では全く応じることの出来ない）絶対者の表現たる「何処までも個物的なる我々の自己に臨み来る絶対表現」に撞着し、その撞着の極限に達する時、我々の旧来の歴史的身体的自己は絶対否定され、絶対者から「向かう所を示される」ものに従う真の自己――絶対者の一表現点として世界を形成する「創造的世界の創造的要素」としての新たな歴史的身体的自己――に転じせしめられるということである。そしてそこにおいて、我々は「真の自己」となり（真のプラクシス）、この「真のプラクシス」に基礎づけられた「制作」を行う（真のプラクシス即ポイエシス）自己となるという在り方である。前章で問題となった、歴史的世界における表現的関係（行為的直観的関係）の底に無限なる創造者の声を聞くという二重性を有した表現的関係の在り方は、このような事態として理解できると考えられる。

第四節　「実践哲学の根柢」の原型

ここまでキルケゴールの自己の捉え方と、それを独自に解釈した西田の自己の捉え方を見てきた。そこから明らかなように、両者の自己の捉え方には相違点と相交わる接点（本章ではその接点を「「実践哲学の根柢」の原型」と名付けている）とが存在すると考えられる。本節では、両者の自己の捉え方に関する相違点を明示しつつ、同時にその接点を浮き彫りにすることで、西田の「実践哲学の根柢」の原型となったものを明らかにする。また、その比較思想的考察を通じて、歴史的世界における表現的関係のその底に働く宗教的・超越的次元からの表現には、我々人間に先立って働く絶対他者的な超越的なるものの「先行性」、絶対者と人間との関係における「不可逆」的構造が見出されることを明らかにしたい。

まず相違点についてであるが、キルケゴールの自己の捉え方は〈意識的自己の成立の根柢〉を明らかにしたものであり、西田の自己の捉え方はいうなれば〈歴史的身体的自己の成立の根柢〉〈歴史的世界における個物の成立の根柢〉を明らかにしたものといえる。それは、西田においては自己が歴史的世界において制作（物を作る）する「歴史的身体」を軸として考えられており、それは対象論理的な自己ではなく、物や他者と相互限定し合い、そのことを通じて世界と相互に限定し形成し合う自己として捉えられていることから、両者の相違が生じると考えられる。さらにもう一点として、両者ともに自己に対して「超越的なるもの」を考えているが、その「超越」の方向が異なるという点である。キルケゴールにおいてはキリスト教的なものが根幹にあることから、「超越」は自己にとって外在的方向に考えられ、西田においては「超越」は歴史的世界に内在化して自身を表現していることから、歴史的世界の底に自己を越えたものとして内在的方向に捉えられている点が、相違点として考えられる。

次に、両者の思想の相交わる接点である「実践哲学の根柢」の原型についてである。まず一点目の特徴として挙げられるのは、我々の自己は「神を前に」した時、キルケゴールで言えば自己そのものの存在に根差す「罪」、西田で言えば「自己存在の自己矛盾的事実」に撞着し、その「罪」や「自己存在の自己矛盾的事実」の撞着が極まり我々の自己が個の極限に立つ時、我々の自己を措定せしめる絶対他者（神）の働きに触れる、そこに我々の真の自己の成立があるということである。

さらに、二点目として考えられるのは、我々人間に先立って働く絶対他者（神）の「先行性」、絶対者（神）と人との「不可逆」的関係が存在するという点である。この点が言い得るのは、キルケゴールにおいてはキリスト教的な超越的な「絶対他者」によって措定せられる、基礎づけられるという自己の在り方が強調されることから、「絶対他者（神）から人間に至る」方向である、絶対他者（神）の我々人間に対する「先行性」が明らかである。では、西田の場合はどうであろうか。前節で見たように、西田の「絶対に超越的なるもの」の捉え方から絶対者の我々人間に対する「先行性」を見出すことができる。ここで西田は、絶対者について「絶対は近づくべからざるのみならず、これに向ふと云ふこともできないもの」、「被造者から創造者に行く途はない」ものであり、同時に「我々は之に向ふと云ふことすらできない絶対から、我々は向ふ所を示される」ものとして捉えている。つまり、絶対者と人間との関係において、「人間から絶対者に向う」方向が否定され、「絶対者から人間に向う」方向である絶対者の自己否定の「先行性」が強調されている。ここに、歴史的世界を生きる我々の自己存在を基礎づける、歴史的時間以前において働く絶対他者なるものの「先行性」、我々人間に対する絶対者の「不可逆」的超越性が見出せると考えられるのである。そして、このことから同時に言えることは、前章で見てきた、歴史的世界における表現的関係にはその底に、絶対者の我々人間に対する「不可逆」的超越性を有した宗教的・超越的次元からの表現が存しているということである。西田がキルケゴールの思想と深い所で相交わる接点として捉えた「実践哲学の根柢」の原型とはこうした二点にあると考えられる。

本章全体の論述を通じて、「実践哲学の根柢」の原型を明らかにしてきたが、最後にそれが持つ意義を考えてみたい。それは、西田哲学研究における伝統的立場、つまり前期の『善の研究』に見られる神人合一的な「純粋経験」の文脈の中に西田の思索全体を位置づけて理解される立場とは異なる捉え方が見出されているということである。つまり、後期西田の思索にも、伝統的解釈からでは見出し得ない、我々人間に対する絶対者の「不可逆」的超越性が存在するということが見出されていることである。筆者はこの点に西田哲学研究における一定の意義が存すると考える。

では、ここまでの本章の論述から明らかになった、絶対者と人間との関係における「不可逆」的構造は、最晩年に西田が本格的に宗教の問題を取り上げた論文「場所的論理と宗教的世界観」において見出すことは出来るのであろうか。見出せるとしたら、どのような事態として捉えることが出来るのだろうか。その点について、次章において論じていきたい。

注

（1）西田とキルケゴールを比較検討した論考として以下のものがある。小川圭治「西田幾多郎のキルケゴール理解」（『比較文化』第一五号、一九六九年）、同「日本におけるキルケゴール――西田幾多郎・田辺元の場合――」（『日本の神学』第二七号、一九八八年、二五―四八頁）、小坂国継「逆対応とパラドックス――西田幾多郎とキルケゴールにおける信仰の論理――」（『比較思想研究』第一九号、一九九二年、三九―四八頁）、大峯顯「西田幾多郎の著作に現れたキェルケゴール」（大谷長・大屋憲一編『キェルケゴールと日本の仏教・哲学』、東方出版、一九九二年、一三七―一四六頁）、東専一郎「西田哲学とキェルケゴール」（大谷・大屋編・前掲著作、一九九二年、一四七―一六六頁）、太田裕信「西田幾多郎の実践哲学――『哲学論文集 第四』を中心として――」（日本倫理学会編『倫理学年報六〇集』、二〇一一年、二一七―二三一頁）、同「西田幾多郎の『場所の論理』と罪悪の問題――キルケゴールとの関わりにおいて――」（『宗教研究』八六巻第一輯、二〇一二年、五三―七八頁）、氣多雅子「西田幾多郎とセーレン・キルケゴール――「実践哲学序論」の一考察――」（京都大学大学院文学研究科日本哲学史研究室紀要『日本哲学史研究』第一一号、二〇一四年）などを参照。

（2）本章では、『死に至る病』のテキスト内容を理解するにあたり、論文「実践哲学序論」第一節における西田の要約に基づきつつ、

『死に至る病』（セーレン・キルケゴール、桝田啓三郎訳、筑摩書房、一九九六年）を参照した。

（3）　西田は「物を作る」という制作（ポイエシス）ということが実践（プラクシス）であり、制作と実践が深く結びつくものとして捉えている。「実践といふことは、制作といふことでなければならない。我々が働くといふことは、物を作るといふことでなければならない。制作を離れて実践といふものはない。実践は労働であり、創造である。行為的自己の立場から世界を見るといふのは、か丶る立場よりすることでなければならない」（⑧422）。このように西田は、「制作（を遂行する歴史的身体的自己）」の立場から実践の問題を捉えようとするのであるが、こうした点が、「意識的自己の成立の根柢」の立場から実践の問題を考えようとするキルケゴールとの相違点の一つであるといえる。

第七章　逆対応と平常底

――論文「場所的論理と宗教的世界観」を中心に――

西田が最晩年に本格的に宗教の問題を論じた最後の完成論文「場所的論理と宗教的世界観」(一九四五年、以下「宗教論」と略記)は、『善の研究』刊行以前の時期から晩年に至るまで深く関心を寄せていた宗教の問題を晩年に真正面から取り組む中で書かれたものであり、また「浄土真宗の世界観といふものを書いて見たい」(⑲375)と思案する中で書かれたものである。[1]その背景には、西田と同時代の思想家たちの親鸞論の影響(鈴木大拙と務台理作には共感、田辺元には強い反発)[2]があったとされている。[3]その「宗教論」の核心ともいえる「逆対応」という概念は、「宗教論」においてはじめて打ち出されたものであり、端的に言えば、絶対者(神または仏)と人間というどこまでも相反するものが相互に相対立し断絶していながら、にもかかわらず相互に自己否定的に接しているという、絶対者と人間との宗教的な関係を言い表す概念である。[4]

本章では、この「逆対応」という絶対者と人間との両者の宗教的関係を、〈㈠絶対者の側から〉と〈㈡人間の側から〉という両方向から把握していく。同時に、「逆対応」と密接な関係にある(「宗教論」において「逆対応」とセットで出された)「平常底」(⑪450)とはどのような立場のことなのかについても捉えていく。[5]

では、西田の言う「平常底」の立場とはどのようなものなのか。それは端的に言えば、「逆対応」という絶対者と人間との宗教的関係をこの歴史的現実の世界において自覚して生きる我々の自己の立場のことである。それは言い換えるなら、この歴史的現実の世界における絶対者と行為的自己(歴史的身体としての自己)との関係性――我々の自己が行為的に「物」や「他者」と関わり合う（そこにおいて労苦し苦悩する）その底に同時に超越的なる絶対者の働きも存在するという動的な二重関係――を自覚して生きる自己の立場のことである。「平常底」とは、絶対者と人間との二者の宗教的関係からだけではなく、このような動的でダイナミックな重層構造を有した「歴史的世界」において絶対者と人間との「逆対応」的関係を自覚して生きる自己の立場のことであると言える。

第三節では、そのような視点から「平常底」を捉える際にも、〈㈠絶対者の側から〉と〈㈡人間の側から〉という両方向から見ていくこととする。それは、本書の第五章、第六章において論じてきた、歴史的世界における二重性を有した表現的関係全体、つまり我々の自己に迫り来る物からの否定的表現のその底に同時に超越的なる絶対者の働き（表現）も存在する関係を視野に入れて理解することを試みるものである。換言すれば、中期の『無の自覚的限定』から最晩年の「宗教論」に至るまで、「他者」や「身体」、「行為」、それらと一体をなす「表現」の問題を重視して展開してきた西田の動的でダイナミックな思索にどこまでも足場を置いて「逆対応」を捉えてゆくということである。ここで重要なことは、超越的なる絶対者の働きは、自らの超越性を否定し、歴史的世界において相対的な形をとって様々な形に変じて、我々の自己に対して立ち現れるということである。例えば、我々の自己に対して「物」や「他者」となって現れ、物を通じて（極限的な）否定的表現として迫り来るということである。そして、我々の自己は（絶対者が自己否定的に自身を翻した）相対的形との撞着を通してしか、絶対者の自己否定の働きに接することはできないということが明らかとなる。

本章では、以上のように、「逆対応」と「平常底」という二つの概念を、〈㈠絶対者の側から〉と〈㈡人間の側から〉という両方向から捉えることを試みる。そしてそのことを通じて、「逆対応」と「平常底」の理解に、個物的多（我々人間や物）に先立って働いている絶対者の自己否定の「先行性」が見られることを浮き彫りにすることにより、西田最晩年の時期においても、絶対者と個物的多（我々人間や物）のあいだに「不可逆」的関係性がより明確に存在することを明らかにしたい。

第一節　永遠の死の自覚

西田が宗教の問題を本格的に取り上げて思索を展開するのは、最晩年の最後の完成論文「宗教論」（一九四五年）においてである。題名から明らかなように、この論文の中心的テーマは宗教であるが、ここで注意しておきたいのは、宗教は哲学上の理論的関心などから論じられるのではなく、自己矛盾的存在たる我々の自己の「心霊上の事実」（⑪371）として取り上げられていることである。西田は次のように述べている。「自己が一旦極度の不幸にでも陥った場合、自己の心の奥底から、いわゆる宗教心なるものの湧き上がるのを感ぜないものはないであろう。宗教は心霊上の事実である」（⑪371）。このように宗教が捉えられる背景には、第1章で見たように、西田の人生に相次いで訪れた姉、弟、わが子や妻の死別経験などに基く人生の悲哀そのものである境涯が大きく影響していると思われる。

そして西田は、宗教の問題とは、我々の自己の存在そのものの問題であり、我々が我々の自己の「自己矛盾的存在」（⑪393）である事実を、「人生の悲哀、その自己矛盾」（⑪393）を、何処までも見つめることから生まれ出てくるものだと言う。

> 我々が、我々の根底に、深き自己矛盾を意識した時、我々が我々の自己矛盾的存在たることを自覚した時、我々の自己の存在そのものが問題となるのである。人生の悲哀、その自己矛盾と云ふことは、古来言い古された常套語である。しかし多くの人は深くこの事実を見詰めていない。どこまでもこの事実を見詰めて行く時、我々に宗教の問題と云ふものが起こってこなければならないのである（哲学の問題と云ふものも実はここから起こるのである）。（⑪393–394）

では、西田が見つめた、そして多くの人が見つめていないとされるところの「我々の自己の自己矛盾的存在」たる事実、「人生の悲哀、その自己矛盾」とはいかなる事実であろうか。それについては次のように述べられている。「私は我々の自己存在の根本的な自己矛盾の事実は、死の自覚にあると考えるものである」（⑪394）。では、ここで西田が言う、我々の自己の根本的な自己矛盾的事実である「死の自覚」とは一体何を意味するのであろうか。先の引用に引き続いて「一般に生物は死す、何者も永遠に生きるものはない。私も私が死ぬことを知っている。しかしただかかる意味において、私は死を自覚しているというのではない。そこには私は私を対象化しているのである、物として見ているのである」（⑪394）と述べられ、西田の「死の自覚」とは、何かが生まれ何かが死するという順序性に基く「生死」から捉えられるものではなく、その捉え方は対象化した自己の死の自覚であるとされる。それでは、対象化され得ない我々の自己の「死の自覚」とはいかなるものであろうか、それは如何なる事態において生じるのだろうか。その点について、西田は次のように言う。

自己の永遠の死を自覚すると云ふのは、我々の自己が絶対無限なるもの、即ち絶対者に対するときであろう。絶対否定に面することによって、我々は自己の永遠の死を知るものである。しかし単にそれだけなら、私は未だそれが絶対矛盾の事実とは言わない。然るに、斯く自己の永遠の死を知ることが、自己存在の根本的理由であるのである。（⑪395）

ここには西田自身が言うように絶対の矛盾が存在している。そもそも永遠に死する自己が、自己の永遠の死をいかにして知りうるのだろうか。しかも、その矛盾的事実である「自己の永遠の死を知ること」が「自己存在の根本的理由」であるという絶対矛盾的事実が提示される。しかし西田は、この絶対矛盾的事実が成り立つところに、対象化されざる我々の自己の「死の自覚」が成り立つことを見るのである。

では、このような自己存在の絶対矛盾的事実、即ち、自己の永遠の死を知ることが自己存在の根本的理由であるということは一体何を意味しているのだろうか。西田は続けて次のように述べる。

自己の永遠の死を知るもののみが、真に自己の個たることを知るものなるが故である。それのみが真の個であり、真の人格なのである。死せざるものは一度的なものではない。繰り返されるもの、一度的ならざるものは、個ではない。永遠の否定に面することによって、我々の自己は真に自己の一度的なることを知るのである。故に我々は自己の永遠の死を知る時、始めて真に自覚するのである。我々の自己は単に反省によって自覚するのではない。……自己が自己の永遠の死を知る時、自己の永遠の無を知る時、自己が真に自覚する。(⑾395)

ここでは、自己の永遠の死を知ることが自己存在の根本的理由であることの理由が説明されている。その理由とは「自己の永遠の死を知るもののみ」が「真の個」であり「真の人格」であるということである。では、「永遠の死を知る」ことによって、「真の個」であることを自覚するとはどのような事態なのであろうか。西田は次のように言う。

そこに自己があるということは、絶対矛盾でなければならない。自己の無を知ると云ふことは、単に自己を無と判断することではない。爾判断するものがなければならない。自己の永遠の死を知るものは、永遠の死を越えたものでなければならない、永遠に生きるものでなければならない。しかも単に死を越えたものは、生きたものでもない。生きるものは、死するものでなければならない。それは実に矛盾である。しかしそこに我々の自己の存在があるのである。私が宗教の心霊的事実と言ったものは、ここにあるのである。而してそれは……我々の自己存在の事実……である。(⑾395–396)

この引用に見られるように、「自己の永遠の死を知るもの」とは「永遠の死を越えたもの」であり「永遠に生きるもの」なのである。それはおそらく我々の自己を絶対否定する「絶対無限なるもの」即ち「絶対者」を意味するものであろう。換言すれば、我々の自己をどこまでも絶対否定する絶対者が、我々の「自己の永遠の死を知るもの」でもあるのである。そして、ここで重要なことは、そのような絶対者に「我々の自己の存在がある」ということである。

我々の自己はそのような絶対者に自己存在の成立根拠をもつ。それはまさに我々の自己存在の絶対矛盾的事実である。なぜ、我々の自己存在におけるそのような絶対矛盾的事実が成立可能となっているのであろうか。その点を考えるために、ここで注目したいことは、先の引用文中で西田が「永遠に死を越えた……永遠に生きるもの」なる絶対者は「単に死を越えたもの」というだけでは絶対者たりえず、真に絶対者たるには「死するものでなければならない」と述べていることである。このことは一体何を意味しているのであろうか。そのような絶対者であればこそ、我々の自己の存在根拠であるという絶対矛盾的事実が成り立ち得ると考えられるのである。

西田は、絶対者と我々の自己とのこのような絶対矛盾的事実が成り立つところに、我々の自己の存在があり、「宗教の心霊的事実」が生じて来る場を求めるのである。そして、我々の自己の「永遠の死の自覚」は絶対者との「逆対応」的関係においてのみ可能だと言われる。では、我々の自己の「永遠の死の自覚」を可能にする、絶対者と我々の自己との「逆対応」的関係とはいかなるものなのであろうか。そのことを通じて、我々の自己存在を成立可能ならしめている絶対者の在りよう、つまり「永遠の死を知るもの」(=絶対者)が「永遠に死を越えた……永遠に生きるもの」でありながら同時に「死するもの」であることにより真の絶対者たり得ることとは如何なる事態なのか、さらにはそのような絶対者に面して「我々は自己の永遠の死を知る」とはそもそもどのようなことを意味しているのかについて明らかにしていきたい。

第二節　逆対応

――絶対者と人間との宗教的関係――

(一)〈絶対者の側から〉捉えた逆対応

西田によれば、我々の自己の「永遠の死の自覚」が可能となるのは、絶対者と我々の自己とが「逆対応」的に関係する事態においてのみであるとされた。この「逆対応」という概念は論文「宗教論」において重要な宗教哲学的概念として登場する概念である。本節では、この「逆対応」という概念について論じ、それを通して我々の自己の「永遠の死の自覚」を可能にする、絶対者と我々の自己との「逆対応」的関係を理解していくことにする。逆対応という概念は、西田がしばしば引用する大燈国師の言葉「億劫相別、而須臾不離、尽日相対、而刹那不対〔億劫相別れて須臾も離れず、尽日相対して刹那も対せず〕」を元に考案されたものである。この言葉から明らかなように、逆対応とは、絶対者と人間というどこまでも相反するものが相互に相対立し断絶していながら、にもかかわらず相互に自己否定的に接している、という絶対者と人間との宗教的な関係（絶対矛盾的自己同一的関係）を言い表す術語として多用される概念なのである。

逆対応という概念は、先述したように、絶対者と人間との宗教的関係を〈㈠絶対者の側から〉[6]と〈㈡人間の側から〉との両方の方向から捉えられている。各々の代表的な言明を挙げると、〈㈠絶対者の側から〉として「神は絶対の自己否定として、逆対応的に自己自身に対し、自己自身の中に絶対的自己否定を含むものなるが故に、自己自身によって有るものであるのであり、絶対の無なるが故に絶対の有である」（⑪398）があり、〈㈡人間の側から〉としては「我々の自己は、何処までも絶対的一者と即ち神と、逆限定的に、逆対応的関係にある」（⑪423）というものがある。本節では、我々の自己の「永遠の死の自覚」は絶対者との「逆対応」的関係においてのみ可能であるということは、いかなる事態を意味するのかを考えるにあたり、㈠と㈡の両方の観点から逆対応を捉えていきたい。

まず、逆対応を〈㈠絶対者の側から〉という観点から見ていくが、「絶対者」という言葉は、上の引用から明らかなように「絶対的一者」や「神」さらには「絶対無」の言葉で言い換えられて用いられている。絶対者と我々の自己との逆対応的関係を考える上で、まず「絶対」とは西田においてどのように捉えられているのだろうか。西田によれば、絶対とは対を絶したものであるが、何ものとも対するものでないなら、それは単なる無であって絶対ではなく、一方で、何かに対するものであるなら、それは相対であって絶対ではないとされ、そこに絶対の自己矛盾が存するとされる（⑪396）。

では、いかなる意味において「絶対」は真の絶対たり得るのか。それは「絶対は無に対することによって、真の絶対であるのである。絶対の無に対することによって絶対の有である」（⑪397）と言われる。ここでは、絶対が真の絶対たることは「絶対は、無に対することによって」成り立つのであり、また絶対が無に対することにより「絶対の有」であることによるのだと把握されている。

ここで言われる「絶対は無に対する」とはいかなることを意味しているのだろうか。西田によれば、この「無」は「単なる無」（何ものとも対しない無）を意味するのではなく、絶対それ自身が「自己の中に」自らを否定するものという「無」として捉えられている。絶対は「自己の外に」自らを否定するものと対立する限り、それ自身は一つの相対となって絶対にはなり得ないため、「自己の中に」自己を否定するものを含み、その自己否定態と対立するということである。すなわち、「絶対は無に対する」という際の「無」とは、「絶対は、自己の中に、絶対的自己否定を含むもの」（⑪397）という意味での「無」であり、それは「単なる無」ではなく「絶対の無」といわれる。このように絶対とは「自己の中に」自己を絶対否定するもの（絶対の無）を含み、その絶対的自己否定態と対する（絶対は無に対する）ものであることにより、真の絶対たり得るとされる(7)。

では、絶対が「自己の中に」含み込んで対立するという絶対自身の自己否定態（絶対の無）とはいかなるものであろうか。西田はそれを、絶対が自らを相対的方向に自己否定的に翻転する「個物的多」（我々人間や物、世界の中の被造物）に見ていると考えられる。それは次の二点の引用文から明らかとなる。

絶対は何処までも自己否定において自己を有つ。どこまでも相対的に、自己自身を翻すところに、真の絶対があるのである。真の全体的一は真の個物的多において自己自身を有つのである。（⑪398）

我々の自己は絶対者の自己否定として成立するのである。絶対的一者の自己否定的に、即ち個物的多として、我々の自己が成立するのである。（11:445）

これらの引用文から分かるように、絶対が自己の中に含む自らの自己否定態とは、絶対が相対的方向に自己否定的に自らを翻す「個物的多」を意味している。そして、絶対が自己矛盾的に自己に対立する（「絶対は無に対する」）とは、絶対が自己の中に含む（自らの「自己否定態」としての）「個物的多」と相対立するということなのである。

ここから言えることは、西田は、絶対がどこまでも自己の中において自らを絶対否定し、自身を相対的に個物的多に翻すところに、真の絶対を見ているということである。このことは言い換えれば、絶対者の自己否定により、個物的多なる我々の自己存在が成立しているということである。そして、ここに、絶対者より（個物的多なる）我々人間へという順序性、即ち、絶対者の個物的多に対する「先行性」、絶対者と人間との「不可逆」的関係性が明らかに見出せると考えられる。

また、このような「絶対」の在りようは、前節において見た、我々の自己存在を可能ならしめる「永遠の死を知るもの」（＝絶対者）の在りようなのである。すなわち、絶対者が「永遠に死を越えた……永遠に生きるもの」でありながら、同時に「死するもの」（「絶対は、自己の中に、絶対的自己否定を含むもの」）であることにより真の絶対者たり得る、という絶対者の在りようの全容を示しているものなのである。

(二)〈人間の側から〉捉えた逆対応

ここまで、「逆対応」という概念を絶対者と人間との二者関係から理解するにあたり、〈(一)絶対者の側から〉という方向から捉えてきたが、次に〈(二)人間の側から〉という観点から把握していきたい。西田はまず次のように述べる。以下に二点ほど引用する。

人間より神へ行く途は絶対にない。而も我々は個となればなる程、神に近づくのである。億劫相別而須臾不離、尽日相対而刹那不対である。（⑾131）

相対的なるものが絶対者に対するとは云へない。又相対に対する絶対は絶対ではない、それ自身亦相対者である。相対が絶対に対するという時、そこに死がなければならない、それは無となることでなければならない。我々の自己は、唯、死によってのみ、逆対応的に神に接するのである、神に繋がると云ふことができるのである。（⑾396）

これらの引用から明らかなことは、我々人間の側から、人間の自力の行いに対応して漸進的に神に近づく歩みのその果てに神に接しうることは「絶対に無い」ということを西田が強調しているということである。人間と絶対者との「対応」的関係というものがここで完全に否定されている。そして、我々の自己（の自力）の「死」という自己の絶対否定によってのみ「逆対応」的に神と繋がることが出来るとされる。ここで西田が言う「死」とはどのような事態を意味しているのであろうか。それは、文字通りの肉体的死を意味するというよりは、我々人間が絶対者に面した時、どれほどまでにあがいてでも自己の自力によって生きんとしても、自らの力では決して（撞着している）苦悩や悲哀を除去することができないという個の極限に達した時、（自己の）自力性が絶対否定されることである。西田はそのような事態を「宗教的懺悔」（⑾407）として捉えており、「真の懺悔においては、……それは自己の根源に対して自己を投げ出す、自己自身を棄てる、自己自身の存在を恥じるということでなければならない」（⑾407–408）と述べている。我々の自己はこのような宗教的懺悔を意味する「死」によってのみ、「逆対応」的に神に接するのである。前節で論じた「永遠の死の自覚」とは、このように捉えられた「死」のことなのである。

さらに、西田は〈㈡人間の側から〉次のようにも述べている。以下に二点ほど引用する。

我々の自己が神や仏と同一方向において、神や仏になるとか、これに近づくというのでもない。（⑪346）それ（宗教的入信）は……絶対者そのものの自己限定として神の力と云はざるを得ない。信仰は恩寵である。我々の自己の根源に、かかる神の呼声があるのである。私は我々の自己の奥底に、何処までも自己を越えて、而も自己がそこからと考へられるものがあると云ふ所以である。（⑪422）

ここでも西田が強調していることは、我々人間の側から、人間の自力の行いに対応して神に近づく過程的・連続的な歩みのその果てに神に接することは「絶対にない」ということである。人間から絶対者に至る道がここでは完全に否定されている。

しかしそうであるならば、我々の自己はどのようにして神に繋がることが出来るのであろうか。西田は言う。

否定即肯定の矛盾的自己同一の世界は、どこまでも逆限定の世界、逆対応の世界でなければならない。神と人間の対立は、どこまでも逆対応的であるのである。故に、我々の宗教心といふのは、我々の自己から起るのではなくして、神または仏の呼声である。神または仏の働きである、自己成立の根源からである。（傍点筆者、⑪409–410）

我々人間が絶対者に面した時、どこまでも自己の自力によって生きんとしても、自らの力では決して苦悩や悲哀を除去することができないという個の極限の事態に直面する。我々の自己はそこに「我々の自己そのものの存立に深い矛盾……、不安……、苦悩がある」（⑪140）ことを知ると同時に、この深き矛盾は「自己の力によって、除去し得られるものではない」（同上）という自己存在の自己矛盾的事実に突き当たる。しかし西田においては、そのような自己の自己矛盾的事実こそが「我々の自己自身の存在であり、自己の生命の本質」（同上）であると捉えられる。そして、我々の自己が自己の自己矛盾的事実に突き当たるところに「我々の宗教心」が湧き起こる根底があると言われる。では、我々の自己において、そのような「宗教心」はどこから生じて来るのか。

それは上記引用文（傍点箇所）にあるように、我々の自己の「宗教心」は、我々の自己から起るのではなくして、我々の自己の「自己の底に自己を超えたもの」である「神または仏の働き」から生じるのである、我々の自己存在の「自己成立の根源」である絶対者の働きから湧き起こるのである。換言すれば、我々人間のあらゆる自力的行いに先立って絶対者の働きが生じ続けているからこそ、我々の自己が自己存在の自己矛盾的事実に撞着する時、「神または仏の働き」に次第に（自己の力によらずに）気付かされしめ、それにより我々の自己の内に「宗教心」が湧出してくるのである。

このように西田においては、我々の自己に「宗教心」が生じるのは、「自己から起る」とは「逆」方向の「神または仏の働きから」による。さらに言えば、このような絶対者の働きに気付かされればされるほど、我々の自己は自己に残る自力的立場を投げ出し棄て去っていく。そして、我々の自己が絶対者の働きの呼声をどこまでも聴き入れ、その呼声に応じるほどに、我々の旧来の自己は死して、「神または仏からの働き」に貫かれた真の自己たらしめられる。その事態は「自己の転換」（⑪425）であり、「廻心」（同上）を意味する。こうした宗教体験も我々人間に先立って働いている「神または仏の働きから」によるものなのだと西田は把握しているのである。

以上の内容から見出せることは、〈㈡我々人間の側から〉絶対者との関係性を捉えた場合でも、我々の自己存在に先立って働く絶対者の「先行性」、神と人間との「不可逆」的関係性が存在しているということである。

ここまで見てきたように、「宗教論」において絶対者と人間との関係を捉えた「逆対応」概念では、〈㈠絶対者の側から〉も〈㈡人間の側から〉も、絶対者より我々人間へという順序性、すなわち、絶対者と人間との「不可逆」的関係性——絶対者の自己否定により、個物的多なる我々の自己存在が成立している——が見られ、そのことが絶対者と人間が逆対応的に接するという事態を可能ならしめていると考えられる。さらに詳述するなら、ここには絶対者と人間との関係性に「不可逆」性を中核とした「不可同」・「不可分」の関係性が見出せるということも言えるであろう。

筆者は、こうした特徴を有する関係性を、「宗教論」における絶対者と人間との「逆対応」的関係として理解したいと考えている。

第三節　平常底

ここまで「宗教論」における絶対者と人間との宗教的関係を言い表す「逆対応」の概念を、〈㈠絶対者の側から〉と〈㈡人間の側から〉という両方向から見てきた。ただ、そこで論じた内容は、絶対者と人間との両者の関係性からのみの理解に留まったものである。本節では、そのような「逆対応」と密接な関係にある（「宗教論」において「逆対応」とセットで出された）「平常底」の立場について見ていきたい。

「平常底」の立場とはどのようなものなのか。それは、この歴史的現実の世界における絶対者と行為的自己（歴史的身体としての自己）との関係性——我々の自己が行為的に「物」や「他者」と関わり合う（そこにおいて労苦し苦悩する）その底に同時に超越的なる絶対者の働きも存在するという動的な二重関係——を自覚して生きる自己の立場のことである。言い換えれば、中期の『無の自覚的限定』から最晩年の「宗教論」に至るまで、「他者」や「身体」、「表現」の問題を重視して展開してきた西田の動的でダイナミックな思索にどこまでも足場を置いて「逆対応」を捉えてゆくということである。ここでは、そのような観点から「平常底」を把握することを、前節で見た〈㈠絶対者の側から〉と〈㈡人間の側から〉という両方向から論じてきた内容に即した形で展開したい。さらにはその考察を通じて、「平常底」の理解にも、個物的多（我々人間や物）に対する絶対者の自己否定の「不可逆」的超越性がより明確に存在することを明らかにしたい。

（二）〈絶対者の側から〉捉えた平常底

まず〈㈠絶対者の側から〉捉えた「平常底」についてであるが、前節での「逆対応」理解から、絶対者が真に絶対者たるには、絶対者が真に絶対者たるには、絶対者が自身の中に自己の絶対否定態を含み、かつその自己否定態と相対立することによるとされた。そして、その絶対者自身の自己否定態とは、絶対者が自らを相対的方向に自己否定して「個物的多」へと翻して現れるという、「絶対者の相対への自己否定的翻転態」としての「個物的多」であった。西田は、絶対が絶対であるにもかかわらず「自己の中に」おいて自らを絶対否定したものを含み、その自己否定態を相対的に個物的多に翻すところに、真の絶対を見ているのである。

だが、「平常底」の立場――「歴史的現実の世界における絶対者と行為的自己（歴史的身体的自己）との関係性」を自覚して生きる自己の立場――の観点から捉えた場合、絶対者の自己否定態には、絶対者と人間との二者関係（「逆対応」）からの理解よりもさらに広がりのある相が見出せる。先に結論を述べると、それは、絶対者は自らの自己否定態として、歴史的現実の世界において相対の形をとって、我々の自己としてのみならず、「物」や「他者」などの様々な「形」を有する個物的多として翻って現れるということである。ここではその点について考えてみたい。歴史的世界において我々の歴史的身体的自己が行為的に「物」や「他者」と関わり合うとき、それらは我々の自己に対して単なる対象としてではなく、「（否定的）表現」を有した「物」や「他者」として現れる。

ここで留意したいのは、第六章で論じた絶対者の自己否定の在りようである。そこでは、絶対者は自らの超越性を自己否定して歴史的世界に内在化して「表現的」に働いているのであり、その絶対者の自己否定としての「表現」は歴史的現実の世界に「物」として具体的に現れているものであった。そして、そのような「物」は、我々の歴史的身体的自己を絶対否定する表現として臨み来るものとして立ち現れて来るものということが論じられた。ここから言えることは、絶対者が自らを否定して歴史的世界に「物」や「他者」という相対の形をとって現れるということは、絶対者が自らを絶対者そのものとしてではなく、「物」や「他者」という相対の形で自らを表現しているということでである。言い換えれば、歴史的世界に存在する「物」や「他者」は、絶対者の自己否定としての「表現」としてあるのである。さらに、そのような絶対者の自己否定としての「表現」は、これも第6章で見たように、歴史的世界において「物」や「他者」といった形を通して、「我々の自己を殺す」という極度に否定的な意味合いをもって我々の歴史的身体的自己に対して迫り来り、その関わりの極限において我々の自己を転換せしめるものであった。翻して言えば、歴史的世界において我々の自己に対して「表現」的に現れる「物」や「他者」の底には（背後には）、このような絶対者の自己否定の働きが生じ続けているということである。

以上のことから、「平常底」の立場――「歴史的現実の世界における絶対者と行為的自己との関係性」を自覚して生きる自己の立場――において、〈二絶対者の側から〉捉えた場合、絶対者の自己否定態は、我々の自己としてのみならず、「物」や「他者」などの様々な「形」を有する個物的多として翻って現れるという、絶対者と人間との二者関係からの「逆対応」理解よりも多様なものとして把握できるということが言える。

さらにここで考えたいのは、第五章や第六章では十分に踏み込むことの出来なかった問題、つまり、絶対者の自己否定としての表現を通じて我々の歴史的身体的自己を絶対否定即肯定（絶対の死即生的に転換）せしめることを可能にする「絶対者」とは、そもそも西田において具体的にどのように捉えられているのかということである。ここまで本書の各章において、絶対者について様々に論じてきたが、そこで語られた絶対者はまだ抽象的な内容の絶対者であった。西田が捉える絶対者とは、何か特定の宗教における絶対者ではなく、西田が仏教（禅宗や浄土真宗など）やキリスト教を独自に消化した上で見出したものである。「宗教論」を書くにあたり、「浄土真宗の世界観といふものを書いて見たい」と述べているが、何か特定の宗教の絶対者を自らの論理で基礎付けようとしているのではなく、あくまでも西田が「宗教」や「絶対者」というものの本質を独自に消化した中から見出されたものである。そのような絶対者について西田は次のように述べている。以下に三点ほど引用する。

絶対の神は自己自身の中に絶対の否定を含む神でなければならない、極悪にまで下り得る神でなければならない。悪逆無道を救ふ神にして、真に絶対の神である。(⑪404)

絶対者はどこまでも我々の自己を包むものであるのである。どこまでも背く我々の自己を、逃げる我々の自己を、どこまでも追い、これを包むものであるのである、すなわち無限の慈悲であるのである。……どこまでも自己自身に反するものを包むのが絶対の愛である。(⑪435)

真の絶対者は悪魔的なるものにまで自己自身を否定するものでなければならない、そこに宗教的方便の意義がある。而してそれは又悪魔的なるものに於ても、自己自身を見ると云ふことでもなければならない。此に浄土真宗の如き悪人正因の宗教があるのである。絶対愛の宗教が成立するのである。……絶対者は何処までも自己自身を否定することによって、真に人を人たらしめるのである、真に人を救うと云ふことができるのである。(⑪435-436)

西田がここで言う絶対者は、自らをどこまでも絶対否定して、「極悪」、「悪逆無道」、「悪魔的なるもの」にまで下り来り、これを救うところに真の絶対の神を見るのである。絶対者に対して「どこまでも背く…逃げる我々の自己」をどこまでも見捨てずに追い続け、「これを包む」ものが真の絶対者たるものなのである。言い換えれば、絶対者はどこまでも「自己自身に反する」あらゆる存在をも引き受けて、包み、救わんとするものなのである。そうであるからこそ、絶対者はあらゆる存在を救う「無限の慈悲」であり「絶対の愛(アガペ)」なのであると言える。(8) それは浄土真宗の阿弥陀仏の摂取不捨、キリスト教のアガペ(絶対の愛)とも通じる絶対者の理解といえる。

そのような絶対者は悪魔的なるものをも救うために、自らを絶対否定して個物的多として「悪魔にも堕して」現れるものなのであり、悪魔的なるものに絶対者自身が翻して現れるということは、悪魔をも救うために「宗教的方便」として自らを相対的な形で翻しているということである。ここから言えることは、「悪魔的なるもの」とは、絶対者の自己否定としての「無限の慈悲」が衆生の立場に降りてきて、衆生と同じ立場に立って、あらゆる衆生の苦悩を救わんがために「宗教的方便」として悪魔にも堕した形で現じたものとして捉えられているといえよう。換言すれば、絶対者の自己否定は我々の自己が生きる世界に内在的に表現的に現れて働くために、（悪魔にも堕した形も含めて）種々なる形で現れるが、その現れの底に先立って（不可逆性を有して）働いているのは、絶対者の自己否定としての「無限の慈悲」であるということである。このように、絶対者はそのようなあらゆる方便の形をとってでも、自らにどこまでも背き反するすべての存在を救わんと「種々なる形に現じて、人を救う」（⑪436）ものなのであり、だからこそ「真に絶対の神」たり得るのである。

　このことは翻して言えば、絶対者は歴史的世界において我々の自己に対して種々なる形で宗教的方便として現れるが、その現れの底に先立って働いているのは、絶対者の「無限の慈悲」であり「絶対の愛（アガペ）」であるということである。無限の慈悲なる絶対者は、我々の自己が生きる歴史的現実の世界に表現的に現れて働くために、種々なる形（宗教的方便）――「物」や「他者」といった相対的な形――として現れたものであり、その形の底には、その現れに先立って絶対者の「無限の慈悲」「絶対の愛（アガペ）」が働き続けているということである。

　歴史的世界において我々の自己が自身に対して迫り来る「物」や「他者」からの「（否定的）表現」に撞着するとき、自己が真の自己へと「転換」[9]せしめられ、（第6章で見たように）創造者から「向う所を示され」て「物」や「他者」へと新たに動かされゆく存在となりえるのは、絶対者の「無限の慈悲」「絶対の愛（アガペ）」に接するからこそなのである。

　こうした「無限の慈悲」である絶対者の在り方に、個物的多なる我々人間や物に先立って働く絶対者の自己否定の「不可逆」的超越性、即ち、絶対者の「他力」（⑪411）性が見て取れるのである。前節で見た（絶対者と人間の宗教的関係である）逆対応を。〈㈠絶対者の側から〉捉えた「平常底」の立場から捉え直すと、以上のよう内容として理解される。

（二）〈人間の側から〉捉えた平常底

ここでは次に、「平常底」の立場を〈㈡人間の側から〉の方向から詳細に見ていきたい。この点を考えるにあたり、まず重要なことは、「宗教論」において、我々の自己とは意識的自己の立場や対象論理的な立場で捉えられる自己ではないということである（⑪374）。では、我々の自己とはどのように理解されているのか。西田は言う、「我々の自己とは働くものである」（⑪374）。「働くもの」とは、いかなるものであるか。西田は続けて「真に働くものと云ふのは、単に他によって動かされるもの、即ち働かれるものではなくして、自己によって他を動かすもの、自己から働くものでなければならない」（⑪374）と述べる。

ここで言われる「真に働くもの」が意味するところは何か。その点については第五章でも論じたように、まず「働く」とは、「物を作る」ことであり「制作」を意味する（⑭268）。物を作るとは、歴史的身体としての我々の自己が物に対して働きかけ物を変ずること、そのことが同時に物の方から我々の自己が変ぜられる、そして変ぜられた我々の自己がまた物を変じ行くという、「作られたものが作るものを作る」という事態を示すものであった（⑭271）。このように「宗教論」における我々の自己とは、意識的自己の立場ではなく、「真に働くもの」である「歴史的身体」としての自己、すなわち行為的自己のことなのである。これは、西田最晩年に論じられた「宗教論」が中期から後期にかけて他者や身体、表現といった問題を重視した思索的展開を踏まえた上で、我々の自己というものが捉えられているということを意味する。

その上で、「㈡人間の側から」把握される「逆対応」（絶対者と人間との宗教的関係）について改めて振り返っておくと、それは、我々の自己が絶対者を前にして「永遠の死の自覚」という自らの絶対否定を通じて逆対応的に「自己の底に自己を越えたもの」である絶対者に接し、そのことにより真の自己を見出すという逆接的な関わりを意味するものであった。「宗教論」では、そのような〈(一)人間の側から〉見た「逆対応」は、「平常底」の立場から論じられると、絶対者と人間との二者の宗教的関係だけでなく、さらに動的で重層構造を有するものとして把握される。そのことは西田が述べる次のような内容から見出していくことができる。

我々の自己が自己自身の根柢に徹して絶対者に帰すると云ふことは、この現実を離れることではない。却て歴史的現実の底に徹することである。絶対現在の自己限定として、何処までも歴史的個となることである。（傍点筆者、⑪423–424）

この引用文からまず考えてみたいのは、「我々の自己が自己自身の根柢に徹して絶対者に接する」ということが、「歴史的現実の底に徹すること」であり、「歴史的個」となることであると言われていることである。このことが意味することは何であろうか。ここでの我々の自己とは「働くもの」としての自己であり、それは「物を作る」（制作）ことを遂行する「歴史的身体」としての自己である。我々の歴史的身体的自己とは、物や他人と相互に限定し合うことを通じて、互いが「作られたものが作るものを作る」という形で変じ変ぜられ、新たな世界を形成してゆく自己である。よって、我々の自己が「唯、死する」という自己の絶対否定により絶対者に触れるという事態は、我々が生きるこの現実を離れたところ――仏教に見られるような自らの迷いの世界を離れて解脱の境地に至ることを重視する「出離的」（⑪438）なところや天上の世界――で生じることではない。絶対者は自らを自己否定して、「物」や「他者」などの様々な個物的多に形を変えて現れるものであるから、我々の自己が絶対者に接するという事態は、どこまでも歴史的現実の世界における「物」や「他者」と撞着することを通じてのみ生じるのである。故に、我々の自己はこの歴史的現実の世界で直接的に絶対者に接するのではないのである。

このことから、我々の自己が「歴史的現実の底に徹する」とは、我々の歴史的身体的自己が「歴史的世界において物や他者との撞着の底に徹する」ということであると言える。では、我々の自己が物や他者との撞着の底に徹するとはいかなる事態を意味するか。それは、第6章でも論じたように、歴史的現実の世界において、我々の歴史的身体的自己は「物」や「他者」の絶対否定的表現――物や他者の方から我々の自己をどこまでも滅ぼさんとして臨み来る否定的表現――に撞着せざるを得ず、我々の自己は自らの自己存在を絶対的に否定されんとする矛盾に直面する。その時、自力的努力の立場を残している我々の歴史的身体的自己は、どれだけ自分の力であがいても自己の力でこの事態に対して応えることは決して出来ない。我々の自己はそこに「我々の自己そのものの存立に深い矛盾……、不安……、苦悩がある」(⑪140)ことを知ると同時に、この深き矛盾は「自己の力によって、除去し得られるものではない」(⑪140)という自己存在の自己矛盾的事実に撞着する。

しかし西田においては、そのような自己の自己矛盾的事実こそが「我々の自己自身の存在であり、自己の生命の本質」(同上)であると捉えられる。そして、我々の自己が歴史的世界において「物」や「他者」との撞着を通じて、自己の自己矛盾的事実に極限的な形で直面するところに「人間の宗教的要求」(同上)が湧き起こる根底があると言われる。では我々の自己において、そのような「宗教的要求」はどこから生じて来るのであろうか。西田は次のように言う。

否定即肯定の矛盾的自己同一の世界は、どこまでも逆限定の世界、逆対応の世界でなければならない。神と人間の対立は、どこまでも逆対応的であるのである。故に、我々の宗教心というのは、我々の自己から起るのではなくして、神または仏の呼声である。神または仏の働きである、自己成立の根源からである。(傍点筆者、⑪409–410)

我々の自己の「宗教的要求」、「宗教心」は、我々の自己からではなくして、我々の自己の「自己の底に自己を超えたもの」である「神または仏の働き」から生じるのである、我々の自己存在を成立せしめる「自己成立の根源」である絶対者の働きから湧き起こるのである。このことは言い換えれば、歴史的世界において自己存在の自己矛盾的事実の極限に達する時、我々の自己は物や他者との撞着を通じて、物や他者(からの絶対否定的表現)の底に働いている絶対者の働きに次第に（自己の力によらずに）気付かされしめ、それにより我々の自己の内に「宗教心」が湧出してくるということである。

このように、我々の自己が歴史的世界における「物」や「他者」との撞着の極限において、「物」や「他者」の底に働き続けている「神または仏の働き」——我々の自己をどこまでも救う「無限の慈悲」、「絶対のアガペ」なる絶対者の働き——に気付かされればされるほど、我々の自己は自己に残る自力的立場を投げ出し棄て去っていく。そして、我々の自己が「物」や「他者」の底に働く絶対者の働きの呼声をどこまでも聴き入れ、その呼声に応じるほどに、我々の歴史的身体的自己は死して、新たな歴史的身体的自己——「創造的世界の創造的要素」（⑨250）としての歴史的身体——として甦り、我々の自己は真の自己たらしめられるのである。その事態は「自己の転換」（⑪425）であり、「廻心」（同上）を意味するものであろう。同時に、我々の自己とは「物」や「他者」と互いが「作られたものが作るものを作る」という形で相互に限定し合う存在であるから、転換せしめられた自己が「物」や「他者」へと新たに動かされ働きかけることを通して、世界を形成しゆく存在となりゆくのである。この事態が「宗教論」における〈㈠人間の側から〉捉えた「平常底」である。

我々の自己が歴史的世界において物（の絶対否定的表現）との撞着の極限を通じて、我々の歴史的身体的自己は死して、物の底に働く（我々の自己存在の成立根拠である）絶対者の無限の慈悲の働きに接するということであり、そのことにより我々の自己が「創造的世界の創造的要素」としての新たな歴史的身体的自己、即ち歴史的個となることを意味していると考えられる。

先に引用した「我々の自己が絶対者に帰すると云ふことは、……歴史的現実の底に徹すること……歴史的個となること」の内容は以下のように理解できる。それは、我々の自己が絶対者の働きに接するということは、歴史的世界において我々の自己が「物」や「他者」との撞着の極限を通じて、我々の自己は死して、「物」や「他者」の底に働く絶対者の働きに貫かれた自己となることと言える。そして、そのことにより我々の自己は「創造的世界の創造的要素」としての新たな歴史的身体的自己、即ち「歴史的個」という真の自己として転換せしめられるのであり、同時にその歴史的個である自己が「物」や「他者」へと新たな形で動かされ、世界を変じゆく存在となるということなのである。

さらに、このことから言えることは、〈㈡人間の側から〉捉えた「平常底」において、そこには中・後期の思索内容に見られた以上に鮮明な形で、我々の自己に先立って働く絶対者の「先行性」、個物的多に対する絶対者の働きの「不可逆」的超越性が見出されるということである。それは、我々の自己が真の自己として成立せしめられるのは、（歴史的世界における「物」や「他者」との撞着を通じてのみ接しうる）我々の「自己成立の根源から」の働き、「神または仏から」の働きによるのであると、西田によって明確に語られていることか何よりの証であると考えられる。

ここまで、「平常底」とはどのような立場なのかについて論じてきたが、まず、絶対者と人間の宗教的関係からのみ捉えた「逆対応」と異なるのは、絶対者と人間が二者関係において直接的に接するかのような事態として理解されていないということである。[10] 歴史的世界においては、絶対者と人間とが逆対応的に接するのはどこまでも（絶対者が自らを自己否定して様々な相対的形となって現れた）「物」や「他者」との徹底した撞着の事態においてのみなのである。なぜそのような撞着を通じてのみなのかというと、「無限の慈悲」である絶対者は、「自ら悪魔に堕して」あらゆる存在を救わんとして歴史的世界にあらゆる（相対的な）形に変じて現れ、その形を通じてその底から我々の自己を真の自己たらしめようと呼びかけ続けているからである。（物や他者などの）種々なる形（からの絶対否定的表現）のその底には、その現れに先立って絶対者の「無限の慈悲」が働き続けているのである。西田の人生上における度重なる肉親との死別経験という「極度の不幸」のその底にも絶対者の「無限の慈悲」は呼びかけ続けているのである。

我々の自己存在は、歴史的世界において絶対者の働きがそのような種々の形で現れているからこそ、その形とどこまでも撞着する運命にある。その撞着の徹底において、我々の自己は自力的立場を残した自己の在り方を放棄せしめられ、そこではじめて、その形との撞着の底に（我々の自己からではない）我々の自己の「自己成立の根源」である「神または仏から」の呼声を聞くのである。換言すれば、我々の自己を救わんとする絶対者の「無限の慈悲」「絶対の愛（アガペ）」の働きに接するのである。そのことにより我々の自己は「真の個」たる「歴史的個」となる。このように、歴史的現実の世界において我々の自己が種々なる形との撞着の極限を通じて真の自己へと転換せしめられることが可能となるのは、絶対者の側からであれば（歴史的世界における）種々なる形に対して、我々人間の側からであれば我々の自己存在に対して、絶対者の「無限の慈悲」が先立って働き続けているからこそなのである。

ここまで縷々と論じてきたが、以上の内容から次のことが言える。「平常底」とは、我々の自己が自らを絶対否定して「自己成立の根源」である「神または仏からの働き」に貫かれた自己へと転換せしめられ、そのことにより「真の個」となりゆく在り方のことである。この「平常底」という概念は、「平常無事[11]」とか「平常心是道[12]」といった禅語から造られたものであるのであるが、それは単に禅の立場から言い表されたものではない。ここで注意しておきたいことは、西田が「平常底」という自己の在り方について、「我々の自己とは此の歴史的世界に於て考へられるものである」（⑪447）と述べていることである。つまり、西田が考える「平常底」とは、我々の意識的自己が自らを絶対否定して自己の最内奥の絶対無（神または仏）に帰するという二者の関係性からのみ考えられているのではなく、我々の自己が歴史的身体という身体を媒介として、どこまでも物との行為的直観的な関わりを通すという在り方から考えられているということである。その立場から見出される自己の在り方とは、我々の歴史的身体的自己は物とのその都度の（行為的直観的な）関わりを徹底することにおいて、「絶対現在の自己限定として、我々の自己が自己の決断を以て神の決断に従ふ」（⑪438）というものである。それは、その都度の物との撞着を通じて、我々の自己は自力的立場を投げ出し棄て去り、（自己に対して絶対他者的超越性を有する）「自己成立の根源（神または仏）から」の呼び声を聴き、それに従うことにより「創造的世界の創造的要素」としての歴史的身体的自己に転換せしめられるという在り方である。すなわち、本節で論じた「歴史的個」となるということである。

本章では、西田が最晩年に本格的に宗教の問題を論じた最後の完成論文「場所的論理と宗教的世界観」の中心概念である「逆対応」と「平常底」について、本書の主題である「他者」、「身体」、「表現」の問題を絡めながら、主に「超越」の観点から詳細に考察を行ってきた。そこから見出せることは、「逆対応」と「平常底」という各々の概念に応じた形で、個物的多（我々人間や物）に先立って働く絶対者の「先行性」、個物的多に対する絶対者の「不可逆」的超越性が、西田最晩年の時期において、より鮮明に打ち出されていることが明らかとなったということである。

注

（1）本書では、西田と親鸞の思想との関わりについて詳しく論じることが出来なかった。その点は今後の重要な課題としたい。この点を論じたものとして、竹村牧男『西田幾多郎と仏教――禅と真宗の根底を究める――』（大東出版社、二〇〇二年、四七―八三頁）、同『西田幾多郎と鈴木大拙』（大東出版社、二〇〇四年、二九九―三二二頁）、武田龍精『親鸞浄土教と西田哲学』（永田昌文堂、一九九一年）、名和達宣「西田哲学と親鸞教学――「逆対応」の可能性――」（西田哲学会『年報』第一二号、西田哲学会、二〇一五年、九六―一一五頁）、同「西田幾多郎と『教行信証』――最後の完成論文「場所的論理と宗教的世界観」執筆の背景――」（『現代と親鸞』三一号、二〇一五年、六七―一〇七頁）などがある。

（2）西田が鈴木大拙や務台理作の著作を通じて思想的交流を行ったものとして、鈴木大拙『浄土系思想論』（一九四二年）、同『日本的霊性』（一九四四年）、務台理作『場所の論理学』（一九四四年）が挙げられる。

（3）田辺の親鸞論として西田が触れたものは、田辺元の『私観教行信証の哲学』（一九四四年一二月刊。西田の死後の翌年の一九四六年に『懺悔道としての哲学』として発刊）である。西田がこの田辺の親鸞論を自分で直接読んだかどうかは定かではなく、務台ら弟子たちを通してその内容の詳細を知るに及んだようである。西田は田辺の「懺悔」の捉え方に対して、「宗教論」や務台宛の書簡において強い反発・批判を示している。その批判は、田辺の言う「懺悔」はどこまでも（自力というものが残された）「道徳的懺悔」なのであって、「真の懺悔」である「宗教的懺悔」ではないという点に向けられている。「宗教論」では次のように言われている。「人は往々、唯過ち迷ふ我々に自己の不完全の立場から、宗教的要求を基礎付けようとする。しかし単にそう云ふ立場からは、宗教心と云ふものが出て来るのではない。相場師でも迷ふのである、彼も深く自己の無力を悲しむのである。又宗教的に迷ふと云ふことは、自己の目的に迷ふことではなくして、自己の在処に迷ふことである。道徳的と云っても、対象的に考へられた道徳的善に対する自己の無力感からだけでは、如何にそれが深刻なものであっても、その根柢に道徳的力の自信の存するかぎり、それは宗教心ではない。懺悔と云っても、それが道徳的立場に於てであるならば、宗教的懺悔ではない。普通に懺悔と云っても、それは自己の悪に対する後悔に過ぎない、自力と云ふものが残されて居るのである。……宗教的懺悔即ち真の懺悔に於ては、それは自己の根源に対してでなければならない……自己の根源に対して自己自身を投げ出す、自己自身を棄てる、自己自身の存在を恥じると云ふことでなければならない」（⑪407‒408）。

（4）　西田が同時代の思想家たちの真宗論から受けた影響と、そのことが「逆対応」の成立過程といかに関わっているかについて論じたものとして、小坂国継『西田哲学と宗教』（大東出版社、一九九四年、二七八―三二一頁）がある。

（5）　論文「場所的論理と宗教的世界観」における「逆対応」の概念を中心にして論じたものとして以下の論考がある。上田閑照氏の前掲論文「逆対応と平常底――西田哲学の『宗教』理解について――」（一九九四年、「はじめに」注4を参照）、小坂国継・前掲著作（一九九四年、本章注4を参照）、大峯顯「逆対応と名号――西田哲学と浄土真宗――」（上田閑照編『西田哲学』、創文社、一九九四年、四一七―四四〇頁）、竹村牧男氏の前掲著作（二〇〇二年、本章注1を参照）、井上克人『露現と覆蔵――現象学から宗教哲学へ』（関西大学出版部、二〇一一年）、長谷正當氏の前掲著作（二〇〇三年、第一章・注4を参照）や『本願とは何か――親鸞の捉えた仏教――』（法藏館、二〇一五年）、山下秀智「西田最晩年の宗教観」（『我心深き底あり――西田幾多郎のライフヒストリー――』、晃洋書房、二〇〇五年）、名和達宣氏の前掲論文（二〇一五年、本章注1を参照）などを参照。

（6）　井上克人氏は、前掲著作（二〇〇三年、二九一―三〇五頁。注5を参照）において、「『哲学論文集 第五』の第二論文として収録された「自覚について」になると、自覚ということが世界の側から、場所的自己同一のところから見られ……、これまでは絶対と自己との関係が、どちらかといえば自己の立場から論じられていたにすぎなかったのが、絶対の側からも見られるようにな」（三〇三頁）ったことを指摘し、そのような思想的変化を考察した上で、絶対者と自己との関係に「不可逆」的な構造が見出されはじめることを論じている。

（7）　西田はこの点について次のように述べている。「自己の外に自己を否定するもの、自己に対立するものがあるかぎり、自己は絶対ではない。絶対は、自己の中に、絶対的自己否定を含むものでなければならない。而して自己の中に絶対的自己否定を含むと云うことは、自己が絶対の無となると云うことでなければならない。自己が絶対的無とならざるかぎり、自己を否定するものが自己に対して立つ、自己が自己の中に絶対的否定を含むとは云われない。故に自己が自己矛盾的に自己に対立すると云うことは、無が無自身に対して立つということである」（⑪397）。

（8）　ここで西田は、絶対者が自らをどこまでも自己否定して、「極悪」、「悪逆無道」、「悪魔的なるもの」にまで下り来り、これを救うところに真の絶対の神における「無限の慈悲」、「絶対の愛（アガペ）」を見ているが、絶対者の「無限の慈悲」とキリスト教的概念である「絶対の愛（アガペ）」は完全に一致するものなのか、それともそこには何らかの差異があると考えられているのだろうかという問いが生じてくる。

その点については、名和達宣「西田哲学と親鸞教学――「逆対応」の可能性――」（二〇一五年、本章・注1を参照）において論じられており、それは以下のような内容である。西田は「宗教論」の前年に発表された論文「予定調和を手引として宗教哲学へ」（一九四四年）において「かゝる無我の底から無限の慈悲が溢出するのである。愛と云ふのは、対象的である。私はかゝる場合、慈悲と云ひたい」（⑩114-115）と述べている。ここで注目したいのは、西田が「無我の底から溢出するもの」を「無限の慈悲」と述べ、それに対し「愛（アガペ）」は対象的であると捉えている点である。「宗教論」においても、キリスト教的な「愛（アガペ）」に関して同様の理解が見られる。そこでは、神は「単に超越的に最高善的な神」や「君主的神」といった対象的な神であってはならないと一貫して批判的に捉えられ、このような「外」に超越的な方向の神については「これに従ふものは生き、之に背くものは永遠の火に投ぜられる」（⑩344）と述べられる。これに対して、西田は「内に」超越的な方向に仏教の特色があると捉え、そこから「無限の慈悲」の概念が生じてくる（本発表の前頁において、絶対者に関して三つの引用文を記しているが、その二番目の引用文を参照）。「何処までも背く我々の自己を、逃げる我々の自己」を「何処までも追い、之を包む」もの、そのものこそが絶対者の自己否定としての「無限の慈悲」と理解されているのである。そして、「絶対の愛（アガペ）」もこの意味での「無限の慈悲」から捉え直され、「之に背くものは永遠の火に投ぜられる」とされる「何処までも背く我々の自己」をもどこまでも追い、包むものが「絶対の愛（アガペ）」とされるのである。

（9）　歴史的世界において「物」や「他者」との撞着を通じて生きる我々の自己において、次から次へと迷いや苦しみが生じる真っ只中で、自らの内に「自己の転換」が生じたからといって、それらの全ての迷いがすべて解決し、苦しみをも全く感じなくなるということはあり得ないのではないだろうか。ただ、一度でも「転換」せしめられている者は自らの内に「絶対者」「神または仏」の働きに既に包まれている「足場」「立脚点」を（転換によって）有している。言い換えれば、迷える自己のままで、自らの内に「絶対者」の働きに既に救いとられていることへの感謝、喜び、安心を同時に有している。

しかし、そうでありながらも、我々の自己は止むことなく迷いや苦しみを引き起こす。そしてその迷いを契機として、迷える自己のままではおられず、迷える自己の底に宗教的要求が湧出する。その要求の底に潜む絶対者からの呼び声に耳を澄ませることにより、自らの内に再び「転換」が生じ（不断の「転換」が生じ）、（自らにどこまでも先立つ）絶対者の働きに既に包まれていることへの感謝、喜び、安心が沸き起こり、自らの内にある「足場」「立脚点」の強度が高まっていくと考えられる。

自己の内に「自己の転換」が生じたからといって、迷える自己が今後一切、消失するのではなく、歴史的世界において制作する自己として、「物」や「他者」との撞着を通じて不断の自己の絶対否定が生じる――そこにまた次々と迷いが起こってくる――が、その都度の契機を通じて、我々の自己は（「物」や「他者」の底に働く）絶対者からの呼びかけに応じることにより、自らの内に「絶対者」の働きに既に救いとられていることへの感謝、喜び、安心を不断に深めていく、そしてその自己が新たな形で「物」や「他者」を生かし愛するという働きかけを行っていくということが繰り返されていく。このようなことが「自己の転換」という事態を言い表していることになるのではないだろうか。

(10)　西田は論文「宗教論」の中で、仏教に対する批判を述べている。それは、自己の内部において、いかにして煩悩の束縛から逃れ、迷いの世界から解脱することができるかということばかりに重点が置かれているが故に、現実的に関わる真理になることはできなかった、と仏教に見られる不十分な点を指摘している。「その源泉を印度に発した仏教は、宗教的真理としては、深遠なものがあるが、出離的なるを免れない。大乗仏教と云へども、真に現実的に至らなかった」(⑪437-438)。藤田正勝氏は前掲著作（二〇一一年、二八八―二九三頁、第三章・注8を参照）において、この西田の仏教批判に着目しており、その批判の眼目は「生死から解脱することの意味が強調されたために、われわれの存在が外的な事物との相互的な連関の中にあるということが十分に顧みられなかった点に――西田の表現では「物を通す」という方向に十分に進まなかった点に――あると言ってよいであろう」と述べている。

(11)　西田は「平常底」の立場を言い表すために、「仏法は用巧の処無し、祇だ是れ平常無事、屙屎送尿、著衣喫飯、困れ来れば即ち臥す」（仏法は造作の加えようはない。ただ平常のままでありさえすればよいのだ。糞を垂れたり小便をしたり、着物を着たり飯を食ったり、疲れたならば横になるだけ73）という『臨済録』の「示衆・四」における言葉を引用している（⑪446）。また、この言葉の訳は、『臨済録』（入江義高訳注、岩波書店、一九八九年、五一頁）を参照している。

(12)　「平常心是道」という言葉は、西田により次のように引用されている。「宗教は平常心を離れるのではない。南泉は平常心是道と云ふ。唯、何処までも此の平常心の底に徹するのである。そこに我々に自己は、絶対現在の自己限定として、逆対応的に何時も絶対的一者に触れて居るのである」(⑪454)。この引用文中の「南泉は平常心是道と云ふ」とは、禅の公案集である『無門関』に「道とは何か」をめぐって趙州従諗という僧と南泉普願という僧とのあいだで交わされた問答から西田が用いているものである。

補論一　鈴木亨の「存在者逆接空」の哲学とその射程
――西田哲学の批判的継承に向けて――

中期の『無の自覚的限定』から最晩年の「場所的論理と宗教的世界観」（以下、「宗教論」と略記）までに形成された西田哲学は、筆者の理解では、歴史的世界における絶対者と行為的自己（歴史的身体としての自己）との関係性を自覚して生きる自己の哲学、として言い表せると考える。本章含めた補論一と補論二では、その哲学を広義の意味で「行為の哲学」と定義した上で、そのような西田の「行為の哲学」の批判的継承可能性を、西田哲学から大きく影響を受けつつ批判的展開を試みた鈴木亨と三木清の哲学を手がかりにして見出していこうとするものである。

本章の内容は、近代日本における最初の独創的な哲学を構築したとされる西田幾多郎の哲学を批判的・体系的に継承発展させた鈴木亨（一九一九―二〇〇二年）の「存在者逆接空」の哲学を取り上げ、上述したような西田の「行為の哲学」の批判的継承可能性という視座から、鈴木亨哲学の有する意義を明らかにするものである。

ここではまず、鈴木亨の哲学について論じる前に、西田が中期から最晩年の思索において展開した「行為の哲学」について簡潔に触れておきたい。西田は自身の中期の著作『哲学の根本問題（行為の世界）』（一九三三年）の冒頭において、自らの哲学を「行為的自己の立場」から問うていくことを宣言している。「私には哲学は未だ嘗て一度も真に行為的自己の立場に立つて考へられたことがないのではないかと思はれる。従つて我々が行為する現実の世界が如何なるものであるかが、その根柢から考へられて居ない」（⑦173）。ここには、西田が自身の哲学を「行為の哲学」として構築せんとする決意が見て取れる。西田の「行為の哲学」の構築という方向性は、今日の哲学においても新鮮かつ重要な意義を有しているのではないだろうか。その意義とは、デカルト以降の西洋哲学における意識的主観的立場の哲学を西田の「行為の立場」の哲学から乗り越えることができるのではないかということである。

西田の「行為の哲学」についてさらに詳述すると、前・中期の西田の思索において結晶化した「絶対無の自覚」を意識的自己の内なる最も奥底から自他や世界を捉える「意識内在の立場」とするなら、「行為の立場」とは中・後期の思索においてこの「意識内在の立場」を超え出て、身体を有した「行為的自己の立場」（歴史的身体的自己の立場）から自他や現実的世界の構造、つまり歴史的世界を捉えることを志向するものである。この「行為の立場」では、世界は全体的一と個物的多との「絶対矛盾的自己同一」という原理で自己自身を創造的に形成すると把握されるに至る。「絶対矛盾的自己同一」とは西田後期の思索において結実した概念であり、全体的一と個物的多、つまり無限と有限、絶対と相対、永遠と時間とが、絶対に矛盾しながらしかも自己同一であるという歴史的現実世界の実在構造を言い表すものである。鈴木亨の言葉で別言すれば、無限・絶対・永遠と有限・相対・時間とは「不一」（絶対に矛盾するもの）でありながら、「不二」（しかも自己同一）であるものとして「不一、不二」の関係構造として捉えられるものであり、歴史的世界はこのような関係構造を根幹にして両者が絶対否定即肯定的に自己形成する創造的世界であるとされる。歴史的世界のその構造をより具体的に言えば、それは「作られたものから作るものへ」の形成として捉えられる。「作られたものから作るものへ」の形成としての歴史的世界とは、我々の自己が「歴史的身体」を媒介として「物」や「他者」と行為的直観的に関わり合う中で、行為を通して物を見、それによって物を新たに作りゆくことを通じて世界を形成していくのであり、それが同時に世界が世界自身を形成することであると把握される。[1] 西田によれば、「我々の歴史的行為的自己の立場からの思惟の形とは即ち歴史的形成作用の論理」（⑫265）なのである。

ここで注意しておかなければならないことは、このような「行為の立場」から見出される歴史的世界はその根底に（西田にとって神や絶対者に当る）「絶対無」[2] という宗教的根底をもつものとして理解されているということである。本章（補論一）と次章（補論二）では、こうした「絶対無」の働きもその根底に含み込んだ「行為の立場」を広義の意味で

「行為の哲学」と定義しておく。それは冒頭で述べたように、歴史的世界における絶対者と行為的自己（歴史的身体としての自己）との関係性――我々の自己が行為的に「物」や「他者」と関わり合う（そこにおいて労苦し苦悩する）その底に同時に超越的なる絶対者の働きも存在するという動的な二重関係――を自覚して生きる自己の哲学を意味するものである。

ただ、こうした西田の「行為の哲学」には様々な問題点の指摘がある。代表的なものとしてはまず、三木清による「西田哲学は現在が現在を限定する永遠の今の自己限定の立場から考へられており、そのために実践的な時間性の立場、従つて過程的弁証法の意味が弱められてゐはしないか」[3]という「有限の世界そのものの過程的性格の弱さ」という指摘がある。さらには、滝沢克己には「（絶対と相対、無限と有限、永遠と時間との間の）不可逆的関係の不徹底さ」[4]という批判がなされている。西田哲学以降ではそれらの課題を三木や田辺元、滝沢などが西田哲学を批判的に発展させてきた。しかしながら彼らの哲学においても、後述するように、西田の「行為の哲学」を構築する上でなお様々な課題が残っているのも事実である（紙幅の関係上、今回は西田哲学批判における重要な哲学者である田辺元については取り上げないこととする）。西田の「行為の哲学」はその意義とともに今日においてもさらなる批判的・発展的な探求の試みがなされるべきなのではないだろうか。

このような問題意識の下で筆者は、鈴木亨の「存在者逆接空」の哲学が西田が目指した「行為の哲学」の批判的・発展的継承可能性を有するものであると考えている。鈴木亨哲学の内容については次節以降で詳細に論じていくが、その先行研究としては、小野寺功氏が鈴木の「存在者逆接空」の哲学を氏のキリスト教神学の立場から「三位一体のおいてある場所」として把握されうる可能性を探求するという貴重な研究[5]がある。小野寺氏は鈴木亨哲学の哲学史上の位置づけについて、西田、田辺をはじめとする京都学派の思想研究において将来への発展可能性として最有力なものは「西田・田辺・西谷と続く宗教哲学の学統であること」と評した上で、もう一つの流れとして「西田・田辺・鈴木亨と続く論理思想の継承展開の流れも、日本の哲学の世界性という意味で無視できないものがある」と捉えている。[6]

さらには、一九九七年に出版された『鈴木亨著作集』（全五巻）は「戦後日本哲学史の金字塔」であると高く評価する一方で、「彼の著作は、その思索があまりに根源的で論理的なためか、内容の豊饒多彩なわりに、それほど広く知られていない」という一般的評価も述べている。(7) 実際、鈴木亨哲学は現在の哲学研究では取り上げられることは極めて少ないのが現状である。にもかかわらず、筆者が鈴木亨の哲学を西田の「行為の哲学」の批判的継承可能性を有するものと捉えるのは、彼には上述した三木と滝沢による西田の「行為の哲学」への二つの批判点を両方ともに克服している面があるからである。三木も滝沢も自身の哲学において各々に西田の「行為の哲学」に内在する問題点を批判的に発展し得ている側面はあっても、両方の問題点を同時に克服は出来ていないからである。

鈴木は西田の「絶対矛盾的自己同一」を高く評価しながらも様々な点を批判しており、本章では以下の二点の批判について取り上げる。まず一つは、西田哲学の絶対矛盾的自己同一の場所的弁証法の中からは止揚できる矛盾の歴史的過程性が出てこないというものである。(8) これは三木の西田哲学批判と連なるものであろう。もう一点は、絶対矛盾的自己同一の原理は「不可逆性は……根本規定として明確に表現されていない」(9) いという点である。これは滝沢が指摘した西田哲学批判に連なるものであろう。本章では、こうした西田の「行為の哲学」批判における重要な二点を、鈴木の「存在者逆接空」の哲学が同時に解決しているということを明らかにすることを通じて、鈴木亨哲学が西田の「行為の哲学」の批判的継承可能性を有しているというその意義を浮き彫りにしていきたい。

第一節　鈴木亨哲学の思索過程
――処女作『実存と労働』までの思索を中心に――

ここからは鈴木亨が「存在者逆接空」の哲学に至るまでの思索過程を見ていきたい。彼は一九一九年に金沢市で生まれ、一九四七年に京都大学文学部哲学科を卒業している。鈴木の哲学的出発点は自身の著作集（全五巻）の冒頭の

「著者のことば」に見ることができる。「わたしは十二、三歳のころ、突然に「わたしは何のために生きているのであろうか」という疑問にとりつかれ、強度のノイローゼになるまで悩んだ。むろん、何の解決も得られなかったが、その後は、あらゆるものを犠牲にして、この問いにむかって突き進んだ。それが、わたしの人生の自覚の出発であった」(S①1)。彼の哲学的思索には、若かりし頃に抱いたこのような人生の根本問題に関する強烈な疑問がその後の人生の思索全体にも一貫して流れている。鈴木は戦中、戦後にかけて京都大学哲学科に学んだのであるが、当時の時代的状況としていつ徴兵され死地に赴くやもしれぬ脅威・恐怖は自ずと彼をキルケゴールをはじめとする実存主義哲学の研究に向かわせた。また、京都大学に在籍していたことで、彼の哲学思想は西田幾多郎の影響を大きく受けていた。鈴木の哲学の根幹には、西田幾多郎の哲学を十分に高く評価し、尊敬しながらも批判的発展的に継承してゆく対象としての西田哲学の影響が色濃く存在している(10)。

そして戦後新たにマルクス主義と出会い、その真理性を認識するに至るとともに、キルケゴールなどの実存主義哲学と西田哲学から出発した自らの思索と、それらとマルクス主義との統合の課題が彼固有の特徴をもつものとして深刻な問題として迫ってきた。このことは鈴木に抜け出ることのない思想的苦悩をもたらしたのであるが、そこから彼の本格的な思索が展開され、最終的に「存在者逆接空」という根本理法を手に入れることに至った。鈴木は実存主義哲学と西田哲学から得た真理性とマルクス主義との間に架け橋するという相矛盾する苦しみの中で、時流におもねってどちらか一方の立場に移ることで解決することをよしとせずに、それらの立場の統合という課題を「自覚」という観点から捉え直すことで、自らの独自な思索の出発点を見出した。

では、その「自覚」とはどのようなものなのか。それは「自己が他者において自己を見る」という自覚観である。このような他者的自覚はまず西田哲学の「場所的論理」から得られたものである。西田哲学には最も具体的な自覚として捉えられた「自己が自己において自己を見る」という場所的自覚が、中期の『無の自覚的限定』(一九三二年)以降、私が出会う他人の人格としての「絶対の他」(⑥386)を介してはじめて成立し得るという他者的契機の側面が強まってくるが、鈴木はこの他者的契機のさらなる徹底を試みた。そこでは二重の他者的超越的契機があることが指摘される。

その一つは、マルクスにより示される、相対的な他者の自覚における外への超越的自覚の契機である。青年マルクスは一八四四年の『経済学・哲学草稿』の中で「人間は、己自身を己れの創り出した世界のうちに見る」[11]と述べている。鈴木は、マルクスのこの観点を自身の主張する「自己が他者において自己を見る」という他者的自覚における、外への超越の自覚として捉え、この自覚が生産的・労働的自覚であると把握する。マルクスのこのような外在的な「労働的自覚」により、人類主体は外に道具（機械）を媒介として自然とかかわるとともに、物を媒介とすることによって他の主体とかかわるというような技術的、経済的な自覚に立ち得る。

しかし鈴木は、他者的自覚の契機をマルクスの外的で「労働的自覚」だけではなく、もう一つの契機として内的で精神的なキルケゴールの実存的自覚の契機を考える。それは、マルクスは内的には自己が自己および他者にかかわるというような道徳的、倫理的な自覚の上に止まるのみで、人間の有限性の自覚の契機に欠けていることによるのである。鈴木は、キルケゴールの「自己とは自己に関わることにおいて他者に関わる関係である」を取り上げ、これを自身が言う他者的自覚的契機における、「自己が絶対他者において自己を見る」という内在的で超越的な実存的自覚として把握していく。一方で、キルケゴールには絶対他者としての超越者とのかかわりはあっても、外への超越としての外界、物質、社会にかかわる自覚に欠けているという問題点が同時に存在すると考える。

こうして鈴木は自らの処女作『実存と労働』（一九五八年）において、マルクスの外在的な「労働的自覚」とキルケゴールの内在的で超越的な「実存的自覚」とを、西田の「自己が自己において自己を見る」という場所的自覚を軸にして、三者の立場の統合的理解に至った。鈴木の哲学の立場は、西田哲学の場所的論理を批判的に展開する中で、三者の立場の統一としての「労働的実存」、つづめて「労存の哲学」（S①209）として生み出されたのである。後の著作『生きる根拠を求めて』（一九八二年）において鈴木は、「労存」としての人間存在を次のように述べている。

したがって、この実存と社会と労働との三者の統一がわれわれの言う人間的生活の事実にほかならず、われわれは外に物に対することによって技術的存在であり、この物に関わることを通して他者的汝に関わることによって経済的存在である。それと同様にして内に自己に関わることによって道徳的存在であり、それを突き抜けることを通して超越に関わることによって宗教的存在であり、それを通して汝的他者に関わることによって社会的・倫理的存在である。このようにしてわれわれの生活は全体的であると言わねばならない。（S⑤34）

では、このような「労存哲学」に見られる三者を統合する論理はいかなるものとして考えられているのであろうか。それは、鈴木が「自己が他者において自己を見る」という他者的自覚において内・外への二重の他者的超越的自覚の立場である、「場所即過程の弁証法」（S①449）、すなわち「過程的場所の弁証法」というものである。換言すれば、ヘーゲルおよびマルクスの止揚できる「量的、過程的弁証法」とキルケゴールおよび西田の絶対に止揚できない「質的、場所的弁証法」とを包括的に統一したものとしての「過程的場所の弁証法」という独創的な論理である。著作『実存と労働』の中で鈴木が提示した重要な視座は、西田哲学の場所的論理の批判的展開としての「労存哲学」であり、その原理である「過程的場所の弁証法」の論理であったのである。

第二節　「存在者逆接空」の哲学

鈴木亨哲学の「労存哲学」とその原理である「過程的場所の弁証法」は独創的な立場である一方で、一部の人からは鈴木のこの立場はマルクスとキルケゴールを折衷的に解決している方法に過ぎず、その両者を統合する根本原理がまだ不明瞭であるという批判も存在した。そのため彼はこの「労存哲学」とその原理である「過程的場所の弁証法」のさらなる深化拡大を目指した。その思索展開の歩みはその後の著作『響存的世界』（一九六七年）や『生きる根拠を求めて』（一九八二年）において見られ、「響存的世界」やその具体的、根源的な「生活世界」を追求する中で、「過程的場所の弁証法」を成立せしめる根本原理は西田哲学の場所的論理をさらに独創的に把握する形で求められ、最終的には「存在者逆接空」という根本理法として明らかにされる。

西田の場所的論理は、本章冒頭で述べたように中期から後期にかけての思索において「行為的自己の立場」から捉えられ「絶対矛盾的自己同一」と具体化されて、最晩年の「宗教論」では「逆対応」と表現される。これらの概念が（西田哲学研究の伝統的立場から）意味するものは、無限と有限、絶対と相対、永遠と時間とが、絶対に矛盾しながらしかも自己同一であるという歴史的現実世界の実在構造を言い表すものである。別言すれば、鈴木亨の「存在者逆接空」の根本規定の言葉を先んじて一部使うなら、西田の「絶対矛盾的自己同一」は、無限・絶対・永遠と有限・相対・時間とは「不一」（絶対に矛盾するもの）でありながら、「不二」（しかも自己同一）であるものとして「不一、不二」の関係構造として捉えられる。

しかし、このような「不一、不二」の関係構造では無限・絶対・永遠と有限・相対・時間とは「可逆的」関係――無限が有限であり、有限が無限である関係というように、両者の順序をどちらからでも逆にできる関係――であるとは言えるが、それ故に歴史的過程性が弱くなり、これだけでは有限の世界そのものの過程的性格が十分把握できず、「過程的場所の弁証法」の根本原理足り得ないと鈴木は批判する。ここで重要な問題は、止揚できる歴史的な相対的過程的弁証法はどのようにして（絶対に止揚できない）場所的弁証法の内部から見出されるのかということである。鈴木はここで、西田の「絶対矛盾的自己同一」を「不一、不二」だけではなく、歴史的過程的契機を生み出す「不可逆」性（順序を逆にできない）の原理を導入することによって、この問題の解決を試みる（この点の詳細については後述する）。ここから「不実（体）＝空、不一、不二、不逆」という四契機を含む、「存在者逆接空」という鈴木独自の根本理法が生み出されるに至るのである。同時に、これが「過程的場所の弁証法」を成立せしめる「存在者逆接空」という原理としても把握される。この「存在者逆接空」という根本理法は次のように表現される。

私の〈存在者逆接空〉という原理は本来存在者（……物質・生物・人類）がそれ自身有限・相対・時間として独立して存在するものではなく、無限・絶対・永遠なる空（不実体）の自己否定として存在するのであり、その働きが大悲、キリスト教的にはアガペーにほかならない。したがって空の大悲は無縁の大悲としていかなるものをも差別することなく、不断に響き渡り per sonare、あらゆる存在者（物質・生物・人類）にそれへの応答を促すのである。(12)

ここから言えることは、鈴木の「存在者逆接空」の原理は西田の「絶対矛盾的自己同一」をさらに批判的に発展させたもので、われわれ有限的存在（物質・生物・人類）がこのように在るということは、それ自体で独立に存在するものではなく、そのことは同時にその裏で無限・絶対・永遠なる「空」(13)が自己を否定している働き、すなわち「空の大悲」の働きとして、キリスト教的には「愛（アガペー）」としてのみ在るということを意味する。したがって有限・相対・時間的な存在者が存在するのは、無限・絶対・永遠なる「空の大悲・大愛」のおかげであり、これをハイデガー流にいえば、存在者とは、存在を贈られて在る（es gibt）、換言すれば、存在せしめられていることを意味すると言える。

このように鈴木の「存在者逆接空」の原理における「空」とは、西田哲学の「絶対無」や東洋の即の論理を独自に捉え返したものである。それは、自らは実体ではなく「不実」体としての実在として、あらゆる諸存在者に先立って働くものであり、自らを自己否定してあらゆる現象を在らしめる根源的なものとして把握されている。ここには根源的なものである「空」の中に「不可逆」性（空と諸存在者との順序を逆にできない）を見ることができ、そのことが歴史的過程的契機を生み出すことを可能ならしめている。鈴木の「存在者逆接空」の原理においては「不一、不二に、不逆（順序を逆にできない）の要素を加えることによって根源的、歴史的不可逆性を持つことになる」（括弧は筆者補足）(14)のである。筆者はここに鈴木哲学の有する独自の意義が存在すると考える。「存在者逆接空」の原理では、絶対に止揚できない場所的弁証法の下にあって働く、止揚できる歴史的な過程的相対的弁証法を統一的に把握することが可能となるからである。これを哲学的に鈴木の言葉を用いて言えば、西田哲学の〈絶対無の場所の論理〉は「〈絶対無の過程的場所の論理〉として、絶対矛盾的自己同一や逆対応のカテゴリーが歴史性を持つことになる」のであり、すなわち鈴木の「「存在者逆接空」の論理となる」のである。(15)

そしてここから帰結されることは、宗教心とはわれわれの心の主体的な信仰心から起こるものではなく、われわれが生きている世界の構造そのものが超越空の自己否定の働き、すなわち「空の大悲」の働きによるのであり、成立の根底から宗教的なのであって、そこに時あって、縁あって、われわれの心に宗教心が起こってくるのである。換言すれば、上述の引用文にあるように、「空の大悲」は「無縁の大悲」としていかなるものをも差別することなく、あらゆる存在者（物質・生物・人類）に不断に呼びかけ続けているのであり、それへの応答を促し続けているのである。

このようにわれわれが生きている歴史的世界には、超越空の自己否定の働きとしての「空の大悲」の働きが根源的に内在的に存在しており、「空の大悲」からの不断の呼声に応答しながら、われわれは弁証法的にその真の根源に向かって自己を実現していくのである。鈴木はこのような「存在者逆接空」の根本理法の下に独自の人格概念「響存＝Echosistenz」（S④5）を提唱している。人格（Person）という語は「personare」から来ており、ふつうは「仮面」という意味で解されるが、彼の見方によれば「貫いて響く（per-sonare）」の意味を持つとされる。「sonare」は「音、響」であり、「per-sonare」つまり「音を介して」から作られている。先述の根本理法に従って言えば、「空の大悲」の呼びかけという世界の響きがまず先にあって「私」が在る。その響きを聴き入れ応答することによって人格は形成されるということなのである。ここから人間とは「響き合う存在」として「響存＝Echosistenz」と名付けられる。そしてこれはハイデガーの「開存」（Ek-sistenz）――存在の真理の中に出で立つという、存在への開けを強調したもの――と呼応するものでありつつ、それをより広く深い立場で捉えようとするものでもある。

鈴木の「響存」とは、このようにハイデガーの「開存」を批判的に展開したものでもある。彼によると、ハイデガーには人間存在のみが問題にされており、他の存在者としての物質界や生物界が軽視されていると批判する。なぜなら鈴木の根本理法の下では、「空の大悲」は人間のみならず、動物や植物や岩や川の流れや人間の造りだした諸々の事物にいかなる差別もなく一切を貫いて響き続けており、あらゆる存在者（物質・生物・人類）は「空の大悲」の働きにより在らしめられていると把握されているからである。「空の大悲」の働きは、人と人との間に響いているのみでなく、物質や生物の間にもこだましているのであり、鈴木はこのような相互に響き合う世界を「響存的世界」（S④5）と呼んでいる。ただ人間は、こうした「響存的世界」において理性を持ったPersona人格として「空の大悲」の呼びかけに応答する責任を有するのであり、そこに人間の物質や生物をも含めた環境への責任があるとされる。こうして鈴木においては、「過程的場所の弁証法」の歴史的発展過程として、「空の大悲」を始源とした実在世界そのもの（物質―生物―人類）の展開過程が（超越的実存の契機も含んだ）「実存自然史」（S④47）として捉えられる。それは次のように述べられる。

空の大悲……の働きはたえまなく響いており、人間への正しい応答を促してやまないのである。それがこの宇宙が、空の自己否定即肯定として、現在の天文学によるならば、ビッグバンとして始まり、物質史から生物史を経て人類社会史にまで進化evolutionし、さらに人類に空の大悲として本質的に存在する霊性の自覚の歴史すなわち深化Vertiefungすることを促しているのである。ビッグバンによる宇宙の発生は無限・絶対・永遠なる空の否定的自己顕現すなわち有限・相対・時間的な存在者の存在なのであり、それは空の働きとしての大悲の促しを受けての歴史的発展にほかならない。……実在世界は真なる世界として響存的世界であり、人類が今日のように悲惨で惨酷きわまる戦争行為が止むことなく続きつつあり、われわれは絶望的な気持ちを抱く現在でも、空の大悲は不断に響き渡り、人間の正しい応答を求めて止まないのである。(16)

このように「実存自然史」の立場では、物質・生物・人類の全てを存在者として捉え、発生史的には物質が先であったにしても、それら三者が有限存在者であることにおいては何ら変わることのないものであり、それらが現に存在するには、空の自己否定としての大悲・大愛に逆接されている下で相対的、歴史的に発展する存在として把握される。そこでは存在者は（一）物質史より、（二）生物史を経て、（三）人類社会史にまで自然史的に、歴史的必然的に、非連続の連続として発展してきたものと捉えられる。こうして「実存自然史」として理解される実在の世界は「響存的世界」なのであるが、一方で鈴木は、現実の世界は今なおこの無言の響きを聴き取りえないものとして、疎外された世界であると考える。[17] これは例えば物質的方面においては、人格の物象化を伴う資本主義社会の矛盾があり、精神的方面においては、精神の非本来的な不安状況が様々な社会領域において存在する。「空の大悲」の働きにより成立する「響存的世界」は、不断の「空の大悲」の呼びかけによって今日もなお疎外された人類社会が真の人格的世界（霊性的世界）へと進展すべき歴史の必然性、実在の論理的根拠となりうるものとして考えられている。「空の大悲」はこのようにして絶え間なく響き続けているのであり、われわれ人間はこうした物質的、精神的な両面の疎外状況を、本来的なものを求めて疎外の回復をはかるべき責任を有した存在なのである。人間の果たすべき責任とは、どんな絶望的な気持ちを抱く状況でも、超越空の大悲・大愛の促しを聴き取り、それに応答することであると言えるであろう。

ここまで鈴木亨が西田哲学と実存哲学とマルクス主義との統一を目指し、「存在者逆接空」という根本理法を見出すに至るまでの独創的な思索過程を見てきた。次節では、まず、この鈴木亨の哲学には、本章の冒頭で述べたように、三木や滝沢によって指摘された、西田の「行為の哲学」に存在する二つの問題点を同時に解決し得る側面が存在することを示す。そしてそのことを通じて、鈴木の「存在者逆接空」の哲学が西田の「行為の哲学」の批判的継承可能性を有しているというその意義を浮き彫りにしていきたい。

第三節　鈴木亨哲学の有する意義
――西田哲学の批判的継承に向けて――

ここまで見てきたように、鈴木亨の哲学は「自己が他者において自己を見る」という自覚観から出発し、西田哲学をベースとしてキルケゴールを代表とする実存哲学とマルクス主義との三者の統合原理を目指したものであり、それは「労存」から「響存」へという概念の変容を含みながら、それらの概念が成立する根本原理を探求したものであった。換言すれば、ヘーゲルやマルクスの止揚できる矛盾の歴史的過程的な弁証法とキルケゴールや西田の止揚できない絶対矛盾の質的弁証法、場所的弁証法の統一としての「過程的場所の弁証法」の根本理法を追求したものであったとも言える。そこから見出されたものが「存在者逆接空」の哲学であり、「絶対無の過程的場所の論理」である。

この「存在者逆接空」の根本理法によって、鈴木は、西田が「自己は自己において自己を見る」という場所的論理を「行為の立場」から具体的に捉え返した「絶対矛盾的自己同一」の原理に存在する二つの問題点――㈠有限の世界そのものの過程的性格の弱さ、㈡絶対矛盾的自己同一という根本原理における「不可逆」性の不徹底・不明瞭さ――を同時に克服し得ていると考えられる。それは、「存在者逆接空」の根本理法における「空」の「逆接」構造――不実(体)＝空、不一、不二、不逆の四契機を含むもの――において、西田の「絶対矛盾的自己同一」に「不一、不二」だけではなく、歴史的過程的契機を生み出す「不可逆」性(順序を逆にできない)の原理が導入されることによって、上述の二つの問題が同時に解決し得ていると考えられるのである。換言すれば、「不実」体としての「空」に「不逆」の要素を加えることにより、「絶対無の過程的場所の論理」という独創的な把握に至ったことが、西田哲学においては十分に展開できなかった、止揚できる歴史的な相対的過程的弁証法をどのようにして(絶対に止揚できない)場所的弁証法の内部から見出すかという重大な問題の解決につながったと言える。

筆者はここに、鈴木の「存在者逆接空」の哲学が西田の「絶対矛盾的自己同一」の哲学を批判的に継承している姿を見るのであり、西田の「行為の哲学」の批判的・発展的継承可能性を有するものであると捉える。そして西田の「行為の哲学」の発展的展開において鍵となるのは、鈴木が過程的弁証法と場所的弁証法を統一した「絶対無の過程的場所の論理」にあると考える。なぜなら、西田の「行為の哲学」の具体化である「絶対矛盾的自己同一」の原理を批判した三木や滝沢の哲学では、上述の二つの問題点を同時には克服し得ないからである。詳言するなら、三木は西田の「絶対矛盾的自己同一」に存在する「有限の世界そのものの過程的性格の弱さ」を克服せんと「構想力の論理」を打ち立てた。その論理は実在世界における水平的社会的側面である歴史的過程的契機を西田哲学よりも発展的に展開した点に意義がある。その一方で、その論理には、絶対に止揚できないものの絶対矛盾の弁証法からどのように歴史的過程的契機が生み出されるのかという、実在世界における垂直的超越的側面に基づく原理が見出せないという問題点が残るのである。また、滝沢は自らの「インマヌエルの哲学」の下に西田哲学には「不可逆的契機が不徹底、不明瞭」であると批判したが、その批判は鈴木よりも先に「不可逆」性の弱さを指摘した点で意義をもつものである。その一方で、滝沢哲学には鈴木の滝沢批判に見られるように、滝沢の「不可逆」の規定は第一には根源的規定としてあるのだが、「歴史的規定であることが欠けて」おり、「彼の不可逆は歴史哲学としてその歴史的契機が表現されることは無かった[18]」という問題点を有する。言い換えれば、滝沢は西田哲学においてなお不十分であった実在世界における垂直的超越的側面の問題を批判的に発展し得たが、そこから水平的社会的側面である歴史的過程的契機を十分に論じることができなかったと言える。

以上のように、西田の「絶対矛盾的自己同一」という場所的論理に内在した二つの問題点を鈴木亨の哲学が同時に解決し得るのは、「存在者逆接空」という根本理法の下に、歴史的過程的弁証法と場所的弁証法を統合する「絶対無の過程的場所の論理」という独自の立場を見出したことにあると言える。そしてここから、西田の「行為の哲学」の批判的・発展的継承の方向は、鈴木の「存在者逆接空」の原理とこれにより成立する「絶対無の過程的場所の論理」

を今後より広く深く発展させていく方向にあると考えられるのである。

本章では、中期西田哲学から志向された「行為の哲学」の構築におけるその批判的・発展的継承の可能性を鈴木亨の「存在者逆接空」の哲学に見出すことを試みた。その考察を通じて、西田の「行為の哲学」の批判的継承における重要な鍵となるのは鈴木の「絶対無の過程的場所の論理」という独創的な把握にあることを指摘した。一方で、ここでは、鈴木亨とともに三木や滝沢の西田哲学批判を取り上げたが、紙幅の関係上、西田の「行為の哲学」の批判的発展の流れにおいて重要な哲学者・田辺元を取り上げて論じることが出来なかった。この点については今後の課題として、いずれ稿を改めて論じたいと考えている。

注

（1）西田は「行為的自己の立場」の哲学について、ここでは次のように述べている。「私は多年の研究の結果、我々の歴史的行為的自己の立場からの思惟の形、即ち歴史的形成作用の論理を明にし得たと信ずる。従来の論理はすべて抽象的な意識的自己の立場からの論理であつた。〔……〕而して従来の論理の型によつて考へられなかつた問題が考へられると思ふ。少なくともその解明への道が與へられると考へる」（⑫265）。

（2）西田は自身の哲学の根本概念である「絶対無」を自分にとっての神として「神は絶対の無」（⑪119）と捉えた上で、「真の神は所謂神ではなくして、寧ろ西洋では神秘主義者の云った如きゴットハイトである。般若の空である」（⑪131）と述べている。西田が把握した「絶対無＝真の神」の独自の性格には以下に述べるような特徴がある。それは「絶対は何処までも自己否定に於て自己を有つ」ものであり、「何処までも相対的に、自己自身を翻へす所に、真の絶対がある」ということにある（⑪398）。つまり、西田の絶対無は自己否定的に有限・相対を自己の内に包むものであり、翻って言えば、われわれ有限存在者は個物的多として、絶対無の自己否定的顕現態にほかならないということである。西田によれば、（キリスト教の神のような）単に有限・相対の外にないし上に超越的に存在する神は真に絶対的なものということはできず、絶対者は「どこまでも我々の自己を包むもの」、「どこまでも背く我々の自己を、逃げる我々の自己を、どこまでも追ひ、これを包むもの」であってこそ真の絶対者なのである（⑪435）。西田にとって神に当る「絶対無」とは、このような「何処までも我々を超越すると共に我々を包むもの」（⑪131）という特徴を有しているものといえる。

（3）三木清「西田哲学の性格について」（『三木清全集』第一〇巻、岩波書店、一九六七年、四三三―四三四頁）を参照。三木はさらに続けて次のようにも述べている。「行為の立場に立つ西田哲学がなほ観想的であると批評されるのも、それ（過程的性格の弱さ）に基くのではなからうか。田辺先生が「種の論理」を強調される理由もそこにあるのではなからうか」（括弧内は筆者補足）。

（4）滝沢はこうした西田哲学批判について、次のように述べている。「有限の個物即絶対無限の実体、個物の運動即絶対者の活動、事実存在する個人の自覚即神の自己実現（「絶対無の自覚」）――またその逆――ということは、確かに動かすべからざる真実である。しかしそれは、個物・人間の活動は、如何なる場合にも決して神を離れることができない、その積極的・実有的な内容はすべてこれを神から受ける、ということであって、仮令「絶対矛盾的」・「逆限定的」・「直観弁証法的」にであっても、その順序が逆にされうるということではありえない」（『滝沢克己著作集』第一巻（法藏館、一九七二年、四三二頁）。

（5）小野寺功氏の鈴木亨哲学研究としては次の論考が挙げられる。「鈴木亨の宗教哲学――「存在者逆接空」をめぐって――」、『場所』第二号、西田哲学研究会編、二〇〇三年、一―一七頁。他にも『聖霊の神学』（春風社、二〇〇三年）や『絶対無と神』（春風社、二〇〇二年）などで鈴木亨の哲学が取り上げられている。

（6）小野寺功・前掲論文「鈴木亨の宗教哲学――「存在者逆接空」をめぐって――」、二頁。

（7）小野寺功、前掲論文、二頁。

（8）鈴木はこうした西田哲学批判を別の言い方で、「絶対無の場所的原理が過程的契機を欠いているのは、彼が絶対矛盾的自己同一と相対矛盾的自己同一との区別と統一とを明らかにし得なかったからにほかならない」と述べている（「西田哲学の批判的展開の一例」、『西田哲学への問い』（上田閑照編）、岩波書店、一九九〇年、三七一頁）。

（9）鈴木亨「現代日本哲学における一つの流れ」、『場所』第三号、西田哲学研究会編、二〇〇四年、一一頁。

（10）鈴木は自身の哲学における西田哲学の重大な影響を次のように述べている。「西田哲学において、われわれはとにかく一つの根柢的な出発点をもったのである。ここに西田幾多郎の哲学が現在の日本人の哲学的思索にとって、きわめて貴重な遺産であり、これを批判的に継承・展開してゆくことの大切な理由がある」（S⑤23）。

（11）大内兵衛・細川嘉六『マルクス・エンゲルス全集』第四〇巻、大月書店、一九七五年、四三七頁。

（12）鈴木亨「現代日本哲学における一つの流れ」、六頁。

（13）鈴木の「存在者逆接空」の「空」は、基本的には西田の「絶対無」から大きな影響を受けて生じているものと考えられる。西田は「絶対無」について「寧ろ西洋では神秘主義者の云った如きゴットハイトである。般若の空である」（⑪131）と述べているが

（注75参照）、鈴木の「空」とはここで言われている大乗仏教の「般若の空」と極めて近しい意味を有している。しかし、鈴木は「般若の空」について、一般的な解釈――『般若心経』に見られる「色即是空、空即是色」は「色」と「空」との「可逆」的なもの――とは異なる独自の解釈を加える。なぜ、鈴木は「空」の概念を用いながらも、それを従来とは異なる解釈を行うのか。それは、鈴木が「『般若心経』の「色即是空空即是色」の立場では〔……〕空は歴史性を有たない」（前掲論文、八頁）と捉えているように、「東洋の〈空〉、〈即〉の論理は歴史の論理を持っていない」（同上、七頁）ことへの強烈な問題意識によるのである。ここから鈴木の「空」に「不実（体）、不一、不二」という「可逆」的契機だけではなく、歴史の論理を生み出す「不可逆」の契機が導入され、鈴木独自の「空」の概念が生み出されていくのである。

（14）鈴木亨、前掲論文、七頁。

（15）鈴木亨、前掲論文、七頁。

（16）鈴木亨、前掲論文、七頁。

（17）鈴木亨・前掲論文「西田哲学の批判的展開の一例」、三七四頁、注8を参照。

（18）鈴木亨・前掲論文「現代日本哲学における一つの流れ」、一二―一三頁、注9を参照。鈴木はこの論考において滝沢克己の「インマヌエルの哲学」について次のようにも批判している。「……滝沢の〈接触〉の概念についてであるが、……初めに二者があって、それが接触することによって起こることであって、二者が前提され、その上での関係であるから、両者を外から見ての把え方である。……同等な二者が初めから別にあるのではなく、空の自己否定が存在者の存在なのであるのが〈逆接〉であるように、存在者逆接空という唯一の根本規定があり、そのことを自覚するのが恩寵、大悲にほかならない。この立場からするならば、「第一の接触」と「第二の接触」と言うより、実在と自覚である。不可逆と言うだけでは歴史性と止揚できない弁証法との統一としての「過程的場所の弁証法」が欠けているからである」。

補論二　三木清の遺稿「親鸞」における一考察

——後期西田哲学を手がかりにして——

本章の内容は、三木清（一八九七―一九四五）の晩年に思索され、彼の死後に未完のまま見つかった遺稿「親鸞」[1]について取り上げ、「親鸞」において今なお残っている問題——三木の思索の後半期に結実する「行為の哲学」と「親鸞」[2]とはどのような関係にあるのか——の解明を試みるものである。この問題に関する先行研究では既に様々な見解が出されているが、代表的なものの一つが唐木順三による、「親鸞」をそれまでの三木の哲学的思索と断絶した信仰告白として解釈する立場である。[3]これに反して筆者は、三木の「行為の哲学」と「親鸞」には何らかの関係性があるのではないかと考える立場である。ここでは、筆者のこの見解を明らかにするために、三木の「行為の哲学」と「親鸞」との関係性を理解するための手がかりとして、後期西田哲学で展開された「歴史的世界における行為的自己と絶対者との関係」——歴史的世界において我々の行為的自己（歴史的身体的自己）が行為的直観的に物や他者と関わるその底に同時に超越的なる絶対者の働きも存在するという二重関係[4]——を用いる（なぜ西田哲学を用いるのかについては後述する）。このような考察を通じて、遺稿「親鸞」に残る問題に関する新たな視座を見出していきたい。さらには、その視座を通じて三木と西田が（共通点と相違点がありながらも）ともに志向した「行為の哲学」の批判的継承可能性を探っていきたいと考えている。

ところで、なぜ遺稿「親鸞」において先に述べたような点が問題になるのであろうか。三木の思索は「親鸞」以前の時期に「構想力の論理」という「行為の哲学」として展開される。「構想力の論理」とは三木の言葉に従えば、身体を有して行為する自己が現実に物に働きかけて物の形を変じて新しい形を作るという「行為の論理」、「制作の論理」である（M⑧617）。ここで注意しておきたいことは、三木の「行為の哲学」の根底には（西田と同様に）「無」がおかれるのであるが、その「無」は西田哲学の「純粋経験」や「絶対無」のような宗教的・超越的性格を有するものとしては考えられていないということである。では三木における「無」とはどのようなものなのか。それは三木の思索において常に根底に置かれ、一貫して追求されていく「基礎経験」（M③5）という概念を元にしており、その特徴は「一つの闇」であり、本質的に「不安」なものとして捉えられる（M③6）。三木は「日常の経験」と「基礎経験」を区別して、「日常の経験」が常に言葉によって導かれロゴスによって支配されているのに対して、そうした「日常の経験」の底に「言葉の支配から独立」しており「全く自由なる、根源的経験」である「基礎経験」があると考える（同上）。「日常の経験」は言葉やロゴスにより公共性を得て安定するのに対して、「基礎経験」はロゴス化以前のものであり、言葉やロゴスによる安定を拒むため、たえず不安定で不安の中で動いている「闇」としての経験と捉えられる（M③6）。三木における「無」とは、こうした不安的動性の中にある「闇」として把握される「基礎経験」を基盤にしたものなのである。ところが遺稿「親鸞」では、「行為の哲学」までの思索のよって立つ根拠が（「闇」としての）「無」だったものが、一転して親鸞の宗教における「超越的なるもの」（「弥陀の本願」）との関わりに求める方向へ転じている[5]。しかもそこでは、三木は「行為の哲学」と「親鸞」とがどのような関係にあるのかについて一切語っていない。そのため、両思索の関係性という点が「親鸞」における今なお解決されない問題として残り続けているのである。

本章では、こうした問題背景の下に、三木の「行為の哲学」と遺稿「親鸞」（における「弥陀の本願」という超越的根拠）とがどのような関係にあるのかについて明らかにしていきたい。

第一節　三木の哲学的思索
――「行為の哲学」までの道程――

三木清は日本を代表する哲学者の一人であり、西田幾多郎の後継者と目されていた人物でもある。三木は浄土真宗の信仰の篤い家に生まれ、高校時代はみずからも『歎異抄』に傾倒しており、さらには西田の『善の研究』に感銘を受けたことから京都帝国大学で西田幾多郎に直接学び、西田の思想から大きく影響を受ける。西田との師弟関係は終生変わることのないものとなり、その意味で三木は西田哲学の影響を最も強く受けた哲学者の一人であったといえる。

一方で、三木の哲学とは西田哲学を高く評価した上で、その哲学に内在する問題を最も徹底して批判的に乗り越えようとした思想的営みでもある(6)。三木は京大を出た後、ドイツ留学中にはリッケルト、さらにはハイデガーに師事して西洋哲学を旺盛に摂取し、帰国以後はまず処女作『パスカルに於ける人間の研究』(一九二六年)を著し、さらには京都学派の哲学者たちの中では最も早くマルクス及びマルクス主義の独自の受容と展開を行い、そこから実に多面的な思想活動を行った。その彼の思想全体において重要な意味をもっているのが「歴史」である。歴史の問題は人間存在との密接な関わりの中で捉えられ、人間は歴史的現実を離れてはありえないということが三木の思想の根幹にある。それは既に大学時代から見られるものであり、卒業論文は「批判哲学と歴史哲学」という題目で書かれている。自らの歴史哲学を本格的に展開し始めるのは論文「人間学のマルクス主義的形態」(一九二七年)をはじめとするマルクス主義関連の諸論文である。三木はそこでマルクス主義の独自の受容と解釈を行い、現実の人間存在を歴史的社会的なものとの動的な関わりにおいて捉えようとする。

歴史の問題を根幹に置く三木の思索はその後、(紙幅の関係上、詳細に述べられないが)『パスカルに於ける人間の研究』で打ち出される「基礎経験」を軸にしながら、この概念を(未定稿に終わった)『哲学的人間学』や『歴史哲学』(一九三二年）において様々に発展させながら展開されていく。とりわけ『歴史哲学』において、三木は歴史の中にありながら、新たな歴史を形成していく人間の「行為的・実践的側面」に着目する。この著作において、三つの歴史概念が提示され、それらの相互関係から、歴史の展開が論じられる。それはまず、実際に起きた「出来事」としての歴史を意味する「存在としての歴史」と、それについての叙述としての歴史である「ロゴスとしての歴史」である（M⑥5）。さらに三木は、この二つの歴史概念だけでなく、その根底に「事実としての歴史」というものを置く。三木によれば、「事実としての歴史」とは「行為」のこと、すなわち人間の「歴史を作る行為そのもの」であり、「絶えず運動し、発展する」「動的なもの」とされる。このような「事実としての歴史」は、「存在としての歴史」を超えるものとして「原始歴史」（M⑥48）と把握される（M⑥25-26）。このように『歴史哲学』において、三木の思索は「歴史」の問題を軸にしながら「行為・実践」の側面と密接に結びつきながら発展しているのである。三木はこうした思想活動とともに、革命的な文化運動にも参与するようになるのだが、それがもとで、一九三〇年に治安維持法違反で検挙、公職を追放される。以後、彼は在野の哲学者としてジャーナリズムに評論を次々と発表するが、同時にマルクス主義に対する興味は次第に失われていく。その後の彼の思索は最終的に、『歴史哲学』に見られた人間の「行為的・実践的側面」をさらに重視した『構想力の論理』へと結実していくのである。

『構想力の論理』は、三木の生涯の後半期に長く書き継がれたものであり、一九三七年から一九四三年にかけて『思想』に発表された一連の論文をもとにしており、まず『構想力の論理　第一』が一九三九年に刊行され、未完のまま死後の一九四六年に『構想力の論理　第二』として出版されている。その意味で未完の著作であるとも言える。この著作は三木自身が認めるように「研究ノート」的な性格をもっており、発表された部分も完全に整理・構成されたものではない。しかし、その「序」（『構想力の論理　第二』が発刊されるにあたり、改めて「序」が書き上げられた）において、この著作の骨子が極めて集約的に述べられている。本稿の内容との関連で、その中で最も注目すべき点は「構想力の論理」を「行為の哲学」として捉える立場である。彼はその点について次のように述べている。

構想力の論理によつて私が考へようとするのは行為の哲学である。構想力といへば、従来殆ど常にただ芸術的活動のことのみが考へられた。また形といつても、従来殆ど全く観想の立場において考へられた。今私はその制限から解放して、構想力を行為一般に関係付ける。（M ⑧6–7）

三木はここで「構想力の論理」によってみずからが展開しようとすることは「行為の哲学」であるということを宣言している。「構想力」はこれまでほとんど芸術的活動としか関連づけて考えられてこず、「構想力」とは「形」を生む力であるが、その「形」は物や世界を対象的に眺める立場、観想の立場でしか考えられてこなかった。彼は「構想力」をこのように芸術的活動や観想の立場に制限されてしまっていることから解放して、行為一般、行為の世界に導き入れようとしているのである。

ここで注意しなければいけないことは、三木が「行為」という概念で捉えていることの意味合いである。「構想力」といえばまず誰しもがカントの思想を思い起こすであろうが、三木にこの着想へと導いたものはカントの「構想力」の概念であった。「私はカントが構想力に感性と悟性とを結合する機能を認めたことを想起しながら、構想力の論理に思い至ったのである」（M ⑧5）。ただ、カントのいう構想力が感性と悟性を統合する働きにとどまる限り、その働きは広義の意味での表象的・認識的能力にとどまるものである。換言すれば、それは表象や認識の領域を主とする、いわば主観主義的な「意識の立場」の哲学の範疇にとどまるものといえる。そして、こうした主観主義的な哲学においては、「行為」は（内的な）主観的な意志が（外的な）物に働きかけるものとして捉えられてきた。そのような「行為」はどこまでも主観的意識的自己の範疇のものでしかない。三木が捉える「行為」とはそのようなものではなく、広い意味でそれは「ものを作ること」、すなわち「制作」として理解される。では、ここで言われる「ものを作る」とはどのようなことを意味しているのだろうか。その点について、次のように述べられている。

一切の作られたものは形を具へている。行為するとはものに働き掛けてものの形を変じ（transform）て新しい形を作ることである。形は作られたものとして歴史的なものであり、歴史的に変じてゆくものである。かやうな形は単に客観的なものではなく、客観的なものと主観的なものとの統一であり、イデーと実在との、存在と生成との、時間と空間との統一である。（M ⑧7）

三木が捉える「行為」とは、主観主義的な「意識の立場」の哲学の範疇を超え出ることを志向するものであり、単なる意識的存在・ロゴス的存在としての自己ではなく、パトス性を帯びた身体的存在としての自己が「ものを作る」ことなのである。それは、身体を有した自己が物に働きかけ、同時に「作られたもの」から働きかけられることにおいて自己が変じせしめられ、その自己が旧来の「形」を変じて（transform）新しい「形」を作ること、すなわち「制作」なのである。この意味で、「構想力の論理」とは「制作の論理」（同上）であると言われる。このような「形」は「作られたもの」として、意識的自己に対象的に捉えられた抽象的存在ではなく、「歴史的なものであり、歴史的に変じゆくもの」（同上）という動的で具体的な歴史的実在として捉えられている。故に、「形」は単に客観的なものではなく、客観的なものと主観的なものとの統一であり、イデーと実在との、存在と生成との、時間と空間との統一であり、さらにはロゴス的なものとパトス的なものとの統一なのである。こうして「構想力の論理」とは「歴史的な形の論理」（同上）として見出されていく。三木自身、その点について次のように述べている。「構想力の論理といういわば主観的な表現は、「形の論理」といういわば客観的な表現を見出すことによって、私の思想は今一応の安定に達した」（M ⑧6）。こうしたところには、三木の思索において重要視されている「歴史」の問題や人間の「行為」的側面の発展的展開を看取できると言えよう。

また、「行為の哲学」としての「構想力の論理」が「制作の論理」であり「（歴史的な）形の論理」であるということには、後期西田哲学の「行為的直観」や「制作」、「歴史的世界」などの考え方が大きく影響している。三木自身も「現在到達した点において、西田哲学へ……接近してきたのを見る。私の研究において西田哲学が絶えず無意識的に或は意識的に私を導いてきたのである」（同上）と述べている。「構想力の論理」に達した三木の思想は、「行為の哲学」を志向している点では西田哲学に接近したものであると言える。一方で、「構想力の論理」と後期西田哲学とは「行為の哲学」という点で共通点がありながらも、様々な相違点が存在するのも事実である。ここまで『構想力の論理』の「序」の内容を中心に述べてきたが、この後、三木は「構想力の論理」を「神話」、「制度」、「技術」などと関連づけて論じることにより、歴史的実在世界における水平的・歴史的過程的方向において現実的で具体的な論理へと発展させていく。こうした歴史的世界における水平的・歴史的過程的方向の現実性・具体性という側面は、後期西田の思索はややもすれば垂直的・宗教的方向に重点が置かれているが故に、西田哲学では弱点とされるところである。(8)こうした点に、西田哲学に対する三木の「構想力の論理」の意義があると考えられる。

ただ、本章において両者の論理の相違点について特に注目しておきたいことは、先述したように『構想力の論理』の時期までの三木の思索の根底には「無」がおかれるのであるが、その「無」は西田哲学のような宗教的・超越的性格を有するものではないということである。それは「一つの闇」であり本質的に「不安」なものである。最初の著作『パスカルに於ける人間の研究』では人間の側からの超越的なる神への愛が説かれたものの、それ以降の三木の思索にはそのような超越的根拠を求める側面はほとんど出てこず、常に不安的動性の中にある「闇」の上に立った人間の自力的な主体的形成のあり方が徹底して展開されたといっていい。ところが、彼の死後に発見された遺稿「親鸞」では、それまでの思索から転じて、「構想力の論理」のよって立つ根拠を「闇」ではなく、親鸞の宗教における絶対他力的な「超越的なるもの」との関わりに求められていくかに見える側面が存在する。

では、「構想力の論理」として結実した「行為の哲学」と遺稿「親鸞」（の「弥陀の本願」という超越的真理）との関係性はどのように理解すればよいのであろうか。その点について三木は一切語っておらず、三木の思想において今なお残っている問題なのである。

第二節　遺稿「親鸞」と「行為の哲学」との関係性

ここでは「構想力の論理」として結実した「行為の哲学」と遺稿「親鸞」とのあいだにはどのような関係性があるのかを捉えていく上で、まず「親鸞」の内容について見ていきたい。三木はまず親鸞の宗教を「体験の宗教」と考えることは間違いではないが、彼の宗教は「真理」の問題なのであり、その「真理」とは「客観的なもの、超越的なもの、論理的なもの」であると把握している（M ⑱423–424）。そこで言われる宗教的真理の客観性とは「経において与へられてゐる」のであり、「経の言葉といふ超越的なものに関係している」と理解されている（M ⑱484）。さらに三木が「親鸞」において注目していることは、親鸞の著作に「仏教の出発点」である「無常感」が少なく、人間の「罪悪感」が問題にされていることである。親鸞において「無常感」は「罪悪感」にまで変っており、自己とは単に（美的・芸術的観照や哲学的観想と結びついた）無常な存在で出世間的なものではなく、「煩悩の具わらざることのない凡夫、あらゆる罪を作りつつある悪人」であり、罪悪感をもちつつ歴史的現実の世界とどこまでも関わり合う現実主義的なものなのである（M ⑱429）。三木が親鸞の人間性の自覚を解釈するとき、彼が注目しているのは親鸞がこの世の現実の世界とどこまでも関わり合う中から生じる「罪悪感」という人間性の自覚という点であると考えられる。そのような観点から三木は、親鸞が自己を「非僧非俗破戒」の「愚禿」と称したところにその深い人間性の自覚を見て取っている（M ⑱430）。

「親鸞」においては、このような「罪悪感」という人間性の自覚は「歴史」の問題と関わってくる。三木は言う、「人間性の自覚は親鸞において歴史の自覚と密接に結び附いている」（M ⑬442）。では、親鸞における歴史の自覚とは何なのか。それは、現在を正しい仏法から遠く離れてしまった「末法」の世と考える歴史の自覚である。末法の世においては、釈迦如来が示した正しい教法の効力は薄れ、教えが説かれることはあっても、教えを聞いて修行し、悟りを得る者はもはやいない。戒法を受ける者がなく、したがって破るべき戒法すら存在しないという「破戒」すら存在しない世である。ただ教のみがあって行も証もない世なのである。末法の時代の特徴は破戒ではなく「無戒」である。正法、像法、末法の各時代はそれぞれ持戒、破戒、無戒によって特徴づけられるが、「無戒」は破戒以下である。ここに親鸞の深刻な歴史の自覚がある。「罪悪感」という人間性の自覚はこのような歴史の自覚と一体をなしている。

親鸞にとって「末法史観」とは、単に外から与えられた客観的な時代区分ではなく「主体的」に把握されたものなのである。つまり、親鸞の同時代への批判は単に客観的な批判ではなく、末法時の絶望的現実を歴史の中に生きる自己の「現在」の現実としてどこまでも主体的に引き受け、自己自身の救われがたい罪と悪を自覚し、そのような自己を強烈に自己批判するものなのである。三木はこのような親鸞における人間性の自覚と歴史の自覚が一体となっていることを「彼は時代において自己を自覚し、自己において時代を自覚した」（M ⑱452）と述べている。

さらに三木は、親鸞における歴史的自覚の基礎である「末法思想」を「超越的な根拠から理解する」という観点から捉えて次のように述べる。

自己の時代において自覚するといふことは、自己の罪を時代の責任に転化することによつて自己の罪を弁解することではない。時代を末法として把握することは、歴史的現象を教法の根拠から理解することであり、そしてこのことは時代の悪を超越的な根拠から理解することであり、そしてこのことは時代の悪をいよいよ深く自覚することである。かくてまた自己を時代において自覚するといふことは、自己の罪を末法の教説から、従つてまたその超越的根拠から理解することであり、かくして自己の罪をいよいよ深く自覚することである。いかにしても罪の離れ難いことを考へれば考へるほど、その罪が決してかりそめのものではなく、何か超越的な根拠を有することを思はずにはいられない。この超越的根拠を示すものが末法の思想である。（M ⑱452-453）

三木によれば、親鸞においては自己の力では如何ともし難いほどの自らの罪の離れ難いことを自覚すればするほど、その罪が決してかりそめのものではなく、何か「超越的な根拠を有する」ものであることを思わずにいられなくなるのであり、「末法史観」とはそうした罪の自覚に超越的根拠を与えるものという意味を有しているということである。換言すれば、「末法史観」とは時代の悪と自己の罪とを「超越的な根拠から理解すること」を教えているものであると言える。このように、三木の親鸞観は「正法・像法・末法」という「正像末史観」に基づいていることに大きな特徴がある。

では、時代の悪と自己の罪とを「超越的な根拠から理解する」とはいかなることなのであろうか。親鸞においては、『大無量寿経』が浄土他力の教え、すなわち弥陀の本願の教えであり、この浄土門の他力の教えこそ永遠絶対の超越的真理であると把握されている。しかし、この超越的真理は「単に超越的なものとして止まる限り真実の教であり得ない」（M⑱485）。真理は現実の中に生きる「自己において身証される」ものであり「生ける、この現実の自己を救う真理」であってこそ生きた真理なのである（M⑱478）。ここから、「末法の自覚は自己の罪の自覚において主体的に超越的なものに触れることを意味している」（M⑱458）と言われる。この一文が意味するところは何か。それは（釈迦如来の教えが完全に隠れてしまった）末法時の絶望的現実を歴史の中に生きる自己の現在の現実としてどこまでも主体的に引き受け、自己自身の救われ難い罪と悪の自覚の徹底において——自らの完全なる無力さの自覚や徹底した悲しみの自覚をくぐることを通じて——、「弥陀の本願」（超越的なもの）が私を照らし、私を包んで、本当に喜びあるものとして、私を蘇らせてくれるということであると考えられる。三木はこの事態を「末法の自覚は罪の自覚であり、罪の自覚は弥陀の本願力による救済の自覚であった」（M⑱461）と捉えている。この一文は、「親鸞」における人間性の自覚と歴史の自覚の結びつきを端的に言い表したものであると言えよう。

ここまで「親鸞」の内容について見てきたが、本節で問題となるのは、「親鸞」以前では三木の思索のよって立つ根拠が不安的動性の中にある「闇」であったのが、「親鸞」では超越的根拠としての「弥陀の本願」へと飛躍しているかに見えることであり、こうした飛躍を含む「親鸞」を『構想力の論理』までの三木の思索とどのように関連づけて理解すればよいのかということである。その点については既に様々に論じられており、主に四つの見解に区分することが出来る。第一の見解は、唐木順三に代表される、「親鸞」をそれまでの哲学的思索と断絶した信仰告白として解釈する立場である。第二の見解は、荒川幾男に代表される、三木の思想を一貫して「人間の歴史的社会的存在論」として捉え、「親鸞」における超越的根拠すらもその思想の範疇内に収まる一つのヴァリエーションであったと理解する立場である。(9) 第三の見解は、佐藤真理人に代表される、三木の思想的活動のはじめにパスカル、終わりに親鸞があり、この両者を結ぶ線が引かれるために、三木の哲学が全体として事実上、人間の生の存在論であるとしても、その背後に、宗教的現実をも含む広い超越的な存在論を予想しているものとして把握しようとする立場である。(10) 第四の見解は、近年の研究において岩田文昭氏が主張する、三木の哲学的思索は（真宗大谷派の宗教家である）近角常観や武内義範の影響を直接的にあるいは間接的に受けながら自身の思索を展開し、独自の宗教哲学の構築を追求したものと捉える立場である。(11)

筆者の立場は第三の見解に最も近いため、現時点ではこの見解に基づきながら理解したいと考えている。筆者なりに踏み込んで言うと、遺稿「親鸞」は信仰告白の書でもなく、人間の歴史的社会的存在論の一ヴァリエーションでもなく、歴史的世界において構想力によって制作的行為――ものに働き掛けてものの形を変じて新しい（歴史の）形を作ること――をする人間が、「弥陀の本願」という「超越的なもの」の働きとの関係においてどのように捉えられているのかという観点で理解できるものと考えているということである。

第三節　三木の遺稿「親鸞」の後期西田哲学を手がかりとした解釈

前節の終わりに述べたように、ここでは遺稿「親鸞」の中で、歴史的現実の世界において構想力によって制作的に行為する人間が、親鸞の宗教における絶対他力的な「超越的なるもの」との関係性においてどのように理解されうるのかという観点で見ていきたい。ただ、三木はその点について一切語っていない。そこで本節では、三木の「行為の哲学」と「親鸞」のあいだに存在する溝をつなげて理解するための試みを行いたい。そのための手がかりとして、後期西田哲学で展開された「歴史的世界における行為的自己と絶対者との関係」――歴史的身体としての我々の自己（行為的自己）が行為的直観的に物と関わるその底に同時に超越的なる絶対者の働きも存在するという二重関係――を用いて行う。なぜ、このような「歴史的世界における行為的自己と絶対者との関係」（以下、「歴・関係」と略記）をここで用いるのか。その理由の一点目として、三木と西田の論理には「行為の哲学」や「制作の論理」といった点で近接性を有しているからである。二点目として、「歴・関係」には「歴史的身体としての我々の自己が行為的直観的に物と関わり合う」という制作的行為のその底に絶対者の働きが含まれているからである。このような絶対者の働きは、西田最晩年の論文「場所的論理と宗教的世界観」（以下「宗教論」と略）では浄土真宗的な絶対他力的超越性を有する絶対者の働きとして捉えられる側面も存在する[12]。このように西田の「歴・関係」には、「行為・制作の論理」という点での近接性と、三木の「行為の哲学」に欠けている（絶対他力的超越性を有する）「絶対者」の働きが存することから、遺稿「親鸞」と「行為の哲学」の思索の溝をつなげて理解するための手がかりになりうるものと考える。

では、まず西田のいう「歴史的世界における行為的自己と絶対者との関係」とはどのような事態なのであろうか。歴史的身体としての我々の自己（行為的自己）は歴史的世界において物と行為的直観的に関わり合う中で、物に撞着せざるを得ず、その事態に対して自己の力では決して応えることができないとき、我々の自己は自らの自己存在を絶対的に否定されんとする自己の自己矛盾的事実に直面する。しかし西田においては、そのような自己の自己矛盾的事実に直面するところに「人間の宗教的要求」（⑪140）が湧き起こり[13]、そのような「宗教的要求」は我々の自己からではなくして、我々の「自己の底に自己を超えたもの」である「神または仏の働き」から生じると言われる（⑪409）。このように、我々の自己が歴史的世界において物と行為的直観的に関わるその底に、絶対者の働きに気付かされればされるほど、我々の自己は死して真の自己たらしめられる。その事態は「自己の転換」（⑪425）を意味する。そしてここで言われる「絶対者」とは、「宗教論」では浄土真宗的な絶対他力的超越性を有する絶対者の働きとしても捉えられるものなのである。

次に、ここまで述べた西田の「歴・関係」を手がかりにしながら、三木の「行為の哲学」と遺稿「親鸞」（における「弥陀の本願」という「超越的なるもの」の働き）との関係性について考えていきたい。その際、「親鸞」の中の一文「末法の自覚は罪の自覚であり、罪の自覚は弥陀の本願力による救済の自覚であった」を基にして考察を行っていく。この一文が意味するところは、西田の「歴・関係」を手がかりにしてどのように捉えられるだろうか。まず、歴史的身体を有した我々の行為的・制作的自己は（釈迦如来の教えが完全に隠れてしまった）末法時の絶望的現実の世界を歴史の中に生きる自己の現在の現実として主体的に引き受けんとし、我々の自己は歴史的身体を媒介としてそのような現実にどこまでも行為的に働きかけ、現実の「形」を変じて新しい「（歴史の）形」を作ろうとする。しかし、「闇」の上に立った構想力による自力的な行為的自己では、末法時の絶望的現実を自己の力によって如何ともすることができず、自己存在の自己矛盾的事実に直面し、自己自身の離れ難く救われがたい罪と悪の自覚に撞着する。こうした撞着の中で自らの完全なる無力さの自覚や悲しみの自覚の徹底をくぐることを通じて、「弥陀の本願」という「超越的根拠」からの働きが我々の内に湧出し、そのような絶対者の働きに触れるほどに我々の自己は死して真の自己たらしめられる。換言すれば、「闇」（としての「無」）の上に立った構想力による自力的な制作的行為的自己が末法時の絶望的現実と関わり合う中で自己破綻し、自力で自己を救う契機を完全に失ったとき、そこに「弥陀の本願」の呼びかけが生じ、自己は転じせしめられるということである。そのとき、「構想力」の根底にある「闇」（としての「無」）は崩壊し、「弥陀の本願」へと転じせしめられ、そのような「超越的なるもの」を根拠にした構想力によって、他力的に制作的行為を遂行する自己へと「転換」せしめられているのではないか。このように理解されるところに、三木の遺稿「親鸞」と「行為の哲学」との関係性における新たな側面を見出せると筆者は考えている。

第四節　三木と西田の「行為の哲学」の批判的継承可能性

本章では、三木の遺稿「親鸞」と「構想力の論理」として結実した「行為の哲学」との関係性を理解するために、西田の「歴・関係」を手がかりとして考察を試みてきた。ここでは最後に、後期西田哲学を手がかりとした解釈の試みを通じて見出された三木の遺稿「親鸞」に関する新たな側面――「親鸞」と「行為の哲学」との関係性における新たな側面――に存する意義と課題について触れておきたい。

三木と西田の思想の中心にあるものは、人間を「意識的自己」としてではなく、「行為的自己」――歴史的世界において我々の自己は歴史的身体を媒介として物に行為的に働き掛けて物の形を変じて新しい形を作るもの――として捉えている点にある。つまり、三木と西田の思想は「意識の立場」の哲学ではなく、「行為の立場」の哲学（「行為の哲学」）を構築することを目指すものであると言える。ただ、両者の「行為の哲学」は、三木においては水平的・歴史的過程的方向に展開されたところに意義がある一方、垂直的・宗教的な方向の論理は曖昧なままに終わり、西田においては水平的・歴史的過程的方向には「有限の世界そのものの過程的性格の弱さ」という問題点がある一方で、垂直的・宗教的方向については明確に論じられた。本章において見出された三木の遺稿「親鸞」に関する新たな側面に意義があるとすれば、三木の「行為の哲学」に垂直的・宗教的方向にも展開していける可能性が存在することを拙いながらも示したことにあると考えられる。さらにはそのことにより、三木と西田の両者の「行為の立場」の哲学が有する長所・短所を補完し、水平的方向と垂直的方向の両方向を統合できる「行為の哲学」の構築の可能性を提示したという点にあると筆者は考えている。

一方で、今後の課題については主に三点ほど挙げておきたい。一点目は、三木の遺稿「親鸞」と「行為の哲学」との関係性をさらに明らかにするためには、「形」や「像」を作る「構想力」と「弥陀」という宗教的な「形」との関係性の問題に取り組まなければならないという点である。二点目として、三木は『構想力の論理』の後半において、構想力が人間だけではなく、自然の根底にも働いていること――「構想力は人間の心の深みにおいてのみ働くのではなく、自然の内奥においても働く」（M⑧396）――と述べているが、こうした「自然の根底に働く構想力」と「親鸞」とのつながりについても考察する必要があるという点である。三点目として、『構想力の論理』以降の時期に、三木の人生上に「親鸞」を書くことに至らしめる契機――とりわけ一九四二年の一〇カ月にわたるフィリピン従軍経験[14]――があったのではないかという指摘[15]がなされているが、その点に関する筆者なりの検証が必要であるという点である。これらの課題についてはすべて今後の課題として、いずれ稿を改めて論じたいと考えている。

注

（1）一九四五年三月二八日、三木は警視庁に検挙された。治安維持法違反の容疑者をかくまい、保護逃亡させたという嫌疑によるものである。三木は巣鴨の東京拘置所に送られ、ついで中野の豊多摩刑務所に移され、抑留された。そして九月二六日、そこで獄死した。敗戦後四〇日もたってのことであった。

（2）三木の死後に埼玉の疎開先で発見されたのは、親鸞について書かれた未定稿であった。疎開先に残されていたこの未定稿が三木の絶筆だったのか、もっと以前に書かれ、中断されたままになっていたのかについては検討の余地がある。本稿では、『三木清全集』の編者の一人である桝田啓三郎の考証に従って、この未定稿は一九四三年の末頃から二〇年三月、検挙直前まで書き続けられ、未完のまま残された絶筆と見ることにする（『三木清全集』第一八巻、「後記」を参照）。

（3）唐木順三『三木清』（筑摩書房、一九四七年、一一五頁、一五八頁）を参照。本章の内容に即せば、「親鸞」にはそれ以前の三木の哲学的思索の特徴――「歴史」の問題を一貫して重視する点など――が反映されている側面も見出されるため、筆者はこの見解を取らない。

（4）「歴史的世界における行為的自己と絶対者との関係」に見出されるこのような二重関係については、本書の第六章や第七章・第三節「平常底」の内容を参照されたい。

（5）『構想力の論理』までの三木の思索における「無」を「闇」や「虚無」として捉えた上で、遺稿「親鸞」ではその「無」の性格が一転していることを論じたものとして、田中久文『日本の哲学を読む――「無」の思想の系譜――』（筑摩書房、二〇一五年、二四七頁）がある。

（6）三木清は後期西田哲学において志向された「行為の哲学」に見られる問題点を、「有限の世界そのものの過程的性格の弱さ」にあると指摘して、次のように述べている。「西田哲学は現在が現在を限定する永遠の今の自己限定の立場から考へられており、そのために実践的な時間性の立場、従つて過程的弁証法の意味が弱められてゐはしないか」（M ⑩433-434）。つまり、西田の「行為の哲学」は（絶対に止揚できない絶対矛盾の場所的弁証法を時間論的に言い換えた）永遠の今の自己限定という「現在」重視で垂直的・宗教的方向に重点が置かれるが故に、止揚できる矛盾の過程的弁証法という水平的・歴史的過程的な方向、換言すれば「有限の世界そのものの過程的性格」が出てこないのではないかという批判を行っている。

（7）三木は「パトス」について、『哲学的人間学』の第一章「人間学の概念」の中で二つの方向があることを述べている。まず「パトス（*πάθος*）」とはもともと「～を被る」という意味のギリシア語の動詞（*πάσχω*）に由来し、われわれが他から働きかけを受けることにより、「或る気分や情緒にある」状態に限定されるという「受動的な状態性」として理解されている。そしてこうした人間存在の受動的な状態性が生じる場が「身体」であると捉えている（M ⑧152）。他方で、パトスにはもう一つの方向があり、それは「根源的な能動性」として把握されている。三木はパトスの能動的な方向に「衝動的なもの」を見出しており、身体は衝動性を有するものでもあるとされる。われわれの自己がこうした身体的存在であるからこそ、内において受動的な状態性が生じるのみならず、「衝動に於て我々は却つて外に向ふ」、つまり衝動を現さんと外に向かって自己を表現していくのである（M ⑧153）。われわれの自己が身体を有して、身体を介して物と行為的に関わり合う――物から働きかけられると同時に物に働きかける――ことが可能であるのは、われわれの身体的自己がこうした受動性と能動性の両方向を有した「パトス」と密接に結びついているからなのである。

（8）こうした点を三木は西田哲学に内在する問題点であるとして批判している。三木の西田哲学批判については補論一・注3や本章・注6を参照されたい。

（9）荒川幾男『三木清』（紀伊國屋新書、一九六八年、一九五頁）を参照。本章の内容に即せば「親鸞」においては、人間を絶対的に超えた働きである「弥陀の本願」という「超越的根拠」は「人間の歴史的社会的存在」の範疇内に収められるものとしては考えられないため、筆者はこの見解を取らない。

（10）佐藤真理人「三木清におけるパスカルと親鸞」（『比較思想研究』第九号、一九八二年、三七―四七頁）を参照。

（11）岩田文昭『近代仏教と青年――近角常観とその時代――』（岩波書店、二〇一四年、二二三―二七〇頁）を参照。氏が「三木の哲学的思索は……独自の宗教哲学の構築を追求するものであった」とする解釈は非常に興味深く感じる一方で、それにしては三木が『パスカルに於ける人間の研究』以降から『構想力の論理』に至るまで、その思索の根底に「闇」や「不安」といった「無」に置いていた時期が長すぎるのではないだろうか。こうした点に疑問を感じるため、筆者は現時点ではこの見解を取らない。

(12)　西田最晩年の論文「場所的論理と宗教的世界観」における「絶対者」を浄土真宗的な絶対他力的超越性を有する絶対者として捉えている諸論考については、第七章注1を参照。

(13)　西田のいう「歴史的世界における行為的自己と絶対者との関係」において、なぜこのような「宗教的要求」が生じるのだろうか。それは西田が把握した「絶対者」の独自の性格に基いている。それは「絶対は何処までも自己否定に於て自己を有つ」ものであり、「何処までも相対的に、自己自身を翻へす所に、真の絶対がある」ということにある（⑪398）。つまり、西田の捉える絶対者は自己の内に自身の自己否定態を含むものであり、その自己否定態とは絶対無の（相対的方向への）自己否定的顕現態にほかならないということである。翻って言えば、われわれ有限存在者は個物的多として、絶対無の（相対的方向への）自己否定的顕現態であるということである。我々の自己はこのような絶対者に自己存在の成立根拠をもつものと言える。そして我々の自己の「宗教心」は、我々の自己からではなくして、我々の「自己の底に自己を超えたもの」である「神または仏の働き」から生じるのであり、我々の自己存在を成立せしめる「自己成立の根源」である絶対者の働きから湧き起こるのである。換言すれば、我々人間や物に先立って絶対者の働きが生じているからこそ、歴史的世界において我々の自己存在の自己矛盾的事実の極限に直面する時、我々の自己は絶対否定され、自己成立の根源たる絶対者の働きに次第に（自己の力によらずに）気付かされしめ、それにより我々の自己の内に「宗教心」が湧出してくるのである。

(14)　この点については、平子友長「三木清と日本のフィリピン占領」（『遺産としての三木清』、清眞人他編、同時代社、二〇〇八年、三〇四―三六三頁）を参照。

(15)　玉田龍太朗『三木清とフィヒテ』（「第三章　三木清の回心」、晃洋書房、二〇一七年、五一―七五頁）を参照。

おわりに

本書全体の考察を通して、西田の思索には中期の『無の自覚的限定』を起点として、以降の後期の思索、さらには最晩年の「宗教論」に至るまで、我々人間に先立って働く絶対者の自己否定の「先行性」、絶対者と人間とのあいだに「不可逆」的関係性が一貫して存在していることが明らかとなった。さらには、西田が中期以降の思索において、「他者」や「身体」、(それらと一体をなす)「表現」の問題を重要視して自らの思索を展開したことが、『無の自覚的限定』以降の思索における西田の「不可逆」の把握の一貫性と密接に結びついていたことが見出された。ここでは最後に、そのことが有する意義について考えてみたい。

その意義の一点目として、西田哲学研究における伝統的立場——西谷啓治や上田閑照氏の西田哲学解釈に代表される、禅仏教を背景とする宗教哲学の立場に立って西田哲学を理解し、主に前期の『善の研究』に見られる主客未分・神人合一的な純粋経験の文脈の中に西田の思索全体を位置づけて解釈しようとする立場——とは異なる視座が、本書において見出されている点である。上述の伝統的立場から捉えられる絶対者と人間との関係性とは、上田氏が「絶対者と我々の自己とは、そのどちら側からはじめても、逆方向にではあるが、否定の否定として同じ一つの円環をめぐる」と述べるように、絶対者と人間の間の順序を(そのどちら側からはじめても)逆に出来るという、円環的・可逆的にして相互限定的関係として理解されるものであった。本書では、こうした伝統的立場の解釈からでは見出し得ない、我々人間に対して先立って働く絶対者の自己否定の「不可逆」的超越性が、中期の『無の自覚的限定』を起点として、それ以降の西田の思索において後期から最晩年にかけても一貫して存在するということが明らかとなった。より厳密にいえば、絶対者と人間とは絶対的に断絶していながら(不可同)、同時に密接につながっている(不可分)のであり、しかも両者は絶対に逆にできない順序をもって区別される(不可逆)という、「不可逆」的関係を中核とした「不可同・不可分・不可逆」の関係構造が『無の自覚的限定』以降の西田の思索には一貫して見出されるということが明確になったのである。この点は、従来の西田哲学研究とは異なる視座が見出されていると考えられる。

次に二点目として、本書の「はじめに」で触れたように、滝沢克己が西田の「不可逆」の把握は不徹底であり曖昧であるとする批判的見解に対して、本書は十分な反論となり得るということである。滝沢は、西田における絶対者と我々人間との関係性理解には、両者間の厳格な区別に十分な注意を払わない禅仏教の傾きが西田には存在するが故に、そこにどのような区別・関係・順序が秘められているかについて深く考察することを為し得なかったと批判している。しかし、本書において、『無の自覚的限定』だけではなく、後期の思索、さらには最晩年の論文「宗教論」に至るまで一貫して西田の「不可逆」の把握が見出せることを各々の時期のテキストに即して浮き彫りにしてきた。このことから言えることは、西田は絶対者と我々人間との「区別・関係・順序」において十分に注意を払いつつ深く考察していたのであり、西田の「不可逆」の把握は不徹底で曖昧なのではなく、『無の自覚的限定』以降の西田哲学には一貫して存在しているのである。この点は、滝沢の西田批判に対する反論となり得るものであると考えられる。

最後に、三点目としての意義は、『無の自覚的限定』以降の思索において西田の「不可逆」の把握の一貫性が見られることと、西田が中期以降において「他者」や「身体」、「表現」の問題を主題化して思想的展開を行ったことには密接な結びつきがあることが、本書の考察を通じて明らかとなった。これらの三点において、本書は西田哲学研究における新たな視座をもたらすものとしての一定の意義を有しているのではないかと考えられると同時に、その視座はややもすれば伝統的立場に固定されがちな西田哲学研究の新しい可能性を拓くものとなるのではないだろうか。本書の内容全体に関して、読者諸賢のご意見・ご批判をいただければ幸いである。

注

（1）　はじめに・注4における上田閑照氏の逆対応理解に関する内容を参照のこと。

あとがき

本書は、二〇一七年九月に関西大学に提出した博士論文『他者・身体・表現・超越――西田幾多郎の中・後期思想研究――』を元にし、その後に書いた論文も含めて、大幅な加筆修正を行って再構成したものである。博士論文の完成や拙著刊行に至ったのは、そこまでの道程で多くの方々にご指導・ご協力をいただけたお陰である。心から感謝申し上げたい。

私は二〇代から三〇代の時期は心理学の専門職の仕事に従事していたのだが、（理由の詳細は省くが）ある時期からどうしても宗教哲学を専門にした生き方に転じたくなり、その衝動に従って実際に行動に移したのだった。その際に選んだ宗教哲学が西田哲学であった。なぜ西田哲学なのかと言うと、私は二〇代の学部と大学院前期課程時代は心理学専修で学んだのだが、そこで在籍したゼミで心理学が専門であるにもかかわらず、偶然にも指導教授の勧めで西田幾多郎の思想に出会ったことが大きなきっかけである。そこで読んだ『善の研究』をはじめとする西田哲学の内容はほとんど理解できず、最後まで何となく分かったようで実は全く何も分かっていない状態のままで終わったのだった（現在も程度の違いこそあれ、同様の状態かと感じているが……）。ただ、学部・大学院時代にまるで歯が立たなかった西田哲学であるが、一方で私の中で、この西田幾多郎という人物とその思想は私が人生を生きていく中で極めて大きな意味を持った存在であるという、根拠の無い強烈な確信だけはあったことを今でも覚えている。それ故に、いずれ西田哲学は人生のどこかの時期で本格的に取り組まなければならないという勝手な十字架を自分の心の中に刻みつけていたように思う。

このような良くも悪くも私なりの問題意識の機が熟してきて、西田の宗教哲学をどこの大学院で専門的に学ぶかを模索していた時に出会ったのが、関西大学文学部・比較宗教学専修の（二〇二三年二月にお亡くなりになられた）井上克人先生のご著書『露現と覆蔵――現象学から宗教哲学へ――』だった。井上先生の元で西田哲学を研究したいと強く決意したのはこの著書を読んだことがきっかけである。とりわけ、その著書内の「第九章　西田哲学に見る〈超越的覆蔵〉の論理について」の内容、西田が最晩年に宗教の問題を本格的に論じた「場所的論理と宗教的世界観」における核心概念、「逆対応」の論理について、その重層的構造を〈超越的覆蔵性〉と〈露現性〉という先生独自の観点から深く掘り下げた「逆対応」理解には非常に大きな感銘を受けた。こうして井上先生の研究室の元で西田哲学を学ぶこととなった。大学院在籍中や修了後の期間も通じて、西田哲学や井筒俊彦の宗教思想、『大乗起信論』関連の内容などを取り上げた先生の講義・演習を通じて、主に西田が言うところの「自己が自己を越えたものに於いて自己をもつ」という、〈自己〉と〈自己を超えた〉〈超越的なるもの〉との関係性について多くの学びを得ることが出来た。私の西田哲学における宗教論の理解、特に「逆対応」の理解はこの時期に学んだことが今も極めて重要な意味を有してその根幹部分を占めている。先生の研究室で学び得たことは私にとって非常に深く広い意義を持ったものとなっており、そのような学びを頂けたことは感謝に堪えない。先生は私の博士論文を元にした拙著が刊行されることを大変に楽しみに心待ちにして下さっていたにもかかわらず、ご生前中に私の力不足で刊行できずに終わってしまったことは大変に申し訳なく悔やまれる思いでいっぱいである。このたびの拙著刊行と西田哲学の批判的発展的可能性の探求は先生が私に大いに期待して下さっていたことであり、先生の学恩に報じるためにも後者の点について、今後の私の課題として精一杯追求していきたい。

また、井上先生の研究室に特別研究員として所属されており、先生の演習に参加されていた中で出会った（二〇一六年にお亡くなりになられた）杉本耕一氏にも改めて感謝を伝えたい。丸坊主で禅僧のような心身が研ぎ澄まされた一種異様な雰囲気を醸しつつ先生の演習に入られていた杉本氏は、私のコメントに対し数多くの厳しい意見をして下さった。それらの内容は私の大きな財産となっている。その後の氏との様々な思想的交流や氏の著作『西田哲学と歴史的世界』を通じて、私は杉本氏から西田哲学や様々な宗教哲学理解において大きな影響や刺激を頂けたと感じている。

さらに、同志社大学文学部哲学科の庭田茂吉先生にも大変お世話になった。私が大学院時代に単位互換制度を利用して、フランスの哲学者のミシェル・アンリの思想に関する演習に参加させて頂いたことがきっかけである。先生は何の面識もなく、しかも西田哲学という専門違いの人間に対し、有難いほどに懇切丁寧にご指導くださった。アンリやレヴィナス、メーヌ・ド・ビランなどのフランス哲学と西田哲学を交錯させる、ある意味、異種格闘技戦のような思想的交流の中での学びは、西田哲学研究ではあまり主題化されない「他者」や「身体」、「行為」、「表現」などの観点の重要性を私に気付かせてくれた。先生には感謝の念でいっぱいである。

心理学から宗教哲学を専門とする方向に転換したことで、両親や妻には大変に負担や迷惑をかけてきたにもかかわらず、温かく見守り支えてくれたことに心からの感謝を伝えたい。拙著を亡き父と亡き義父、母と義母、そしていつも最大の協力者であり続けてくれている妻に奉げたい。

本書を出版するにあたっては、ある学会での私の発表後に出版の話をもちかけて下さった晃洋書房の編集部の井上芳郎氏に心より感謝申し上げたい。

二〇二四年十一月三日

喜多源典

初出一覧

第一章　西田幾多郎の思索の出発点にあるもの――二つの「終焉記」を中心に――
論文「西田幾多郎の死生観――後期西田哲学を中心に――」（関西大学『哲学』第三三号、関西大学哲学会、二〇一五年三月）を基にしている。

第二章　前期西田における思索的特徴――「他者・身体・表現・超越」の観点から――
書きおろしである。

第三章　西田哲学における「他者」と「超越」――論文「私と汝」を中心に――
論文「西田哲学における『他者』と『超越』」（『西田哲学会年報』第一二号、西田哲学会、二〇一五年七月）を基にしている。

第四章　中期西田における身体論――『無の自覚的限定』を中心に――
口頭発表「非連続の連続を可能にする身体――論文「私と汝」とその関連講演」（宗教哲学会、二〇一五年三月）を基にしている。

第五章　後期西田における「他者」と「身体」――「表現的関係」への転換――
論文「歴史的身体と当為」（『倫理学研究』第四六号、関西倫理学会、二〇一六年六月）を基にしている。

第六章　「表現」と「超越」――論文「実践哲学序論」を手がかりに――
論文「『実践哲学の根柢』に関する一考察――西田幾多郎とキルケゴール――」（『比較思想研究』第四三号、比較思想学会、二〇一七年三月）を基にしている。

第七章　逆対応の世界――「場所的論理と宗教的世界観」を中心に――
論文「西田幾多郎の「逆対応」について――論文「場所的論理と宗教的世界観」を中心に――」（『日本哲学史研究』別冊「杉本耕一博士追悼号」、京都大学大学院文学研究科日本哲学史研究室紀要、二〇一八年七月）を基にしている。

補論一　鈴木亨の「存在者逆接空」の哲学とその射程――西田哲学の批判的継承に向けて――
論文「鈴木亨の「存在者逆接空」の哲学とその射程――西田幾多郎の行為の哲学の批判的継承に向けて」（『宗教哲学研究』第三七号、二〇二〇年三月）を基にしている。

補論二　三木清の遺稿「親鸞」における一考察――後期西田哲学を手がかりに――
論文「三木清の遺稿「親鸞」における一考察――後期西田哲学を手がかりに」（『西田哲学会年報』第一七号、西田哲学会、二〇二〇年七月）を基にしている。

参考文献

西田幾多郎『西田幾多郎全集』（全一九巻）、岩波書店、一九七八―一九七九年。

――『西田幾多郎全集』（全二四巻）、岩波書店、二〇〇二―二〇〇九年。

秋月龍珉『絶対無と場所――鈴木禅学と西田哲学――』、青土社、一九九六年。

浅見洋『二人称の死――西田・大拙・西谷の思想をめぐって――』、春風社、二〇〇三年。

――『思想のレクイエム――加賀・能登が生んだ哲学者15人の軌跡――』、春風社、二〇〇六年。

――『西田幾多郎――生命と宗教に深まりゆく思索――』、春風社、二〇〇九年。

井上克人『露現と覆蔵――現象学から宗教哲学へ――』、関西大学出版部、二〇〇三年。

――『西田幾多郎と明治の精神』、関西大学出版部、二〇一一年。

――『〈時〉と〈鏡〉超越的覆蔵性の哲学――道元・西田・大拙・ハイデガーの思索をめぐって――』、関西大学出版部、二〇一五年。

上田閑照『西田幾多郎を読む』、岩波書店、一九九一年。

――『西田哲学への導き』、岩波書店、一九九八年。

――『上田閑照集』全三巻、岩波書店、二〇〇一―二〇〇三年。

上田閑照編『没後五〇年記念論文集 西田哲学』、創文社、一九九四年。

――『西田幾多郎哲学講演集』、燈影社、一九九四年。

大澤正人『サクラは何色ですか?――西田幾多郎の思想――』、現代書館、二〇〇五年。

大谷長・大屋憲一編『キルケゴールと日本の仏教・哲学』、東方出版、一九九二年。

大橋良介編『京都学派の思想――種々の像と思想のポテンシャル――』、人文書院、二〇〇四年。

大峯顯編『西田哲学を学ぶ人のために』、世界思想社、一九九六年。

大峯顯、長谷正當、大橋良介編『京都学派選書　第三巻　田辺元〈懺悔道としての哲学・死の哲学〉』、燈影舎、二〇〇〇年。

大屋憲一・細谷昌志編『キルケゴールを学ぶ人のために』、世界思想社、一九九六年。

小川圭治『人類の知的遺産48　キルケゴール』、講談社、一九七九年。

――『神をめぐる対話――新しい神概念を求めて――』、新教出版社、二〇〇六年。

小野寺功『絶対無と神――京都学派の哲学――』、春風社、二〇〇二年。

海邊忠治『苦悩とけて絶対の信へ』、法藏館、二〇〇七年。

木村敏『時間と他者／アンテ・フェストゥム論』（『木村敏著作集』第二巻）、弘文堂、二〇〇一年。

――『反科学的主体論の試み』（『木村敏著作集』第六巻）、弘文堂、二〇〇一年。

――『臨床哲学論集』（『木村敏著作集』第七巻）、弘文堂、二〇〇一年。

木村敏、檜垣立哉『生命と現実――木村敏との対話――』、河出書房新社、二〇〇六年。

木村敏、坂部恵『身体・気分・心――臨床哲学の諸相――』、河合出版、二〇〇六年。

黒木幹夫・鎌田東二・鮎澤聡編『身体の知――湯浅哲学の継承と展開――』、ビイング・ネット・プレス、二〇一五年。

小坂国継『西田哲学と宗教』、大東出版会、一九九四年。

――『西田幾多郎　その思想と現代』、ミネルヴァ書房、一九九五年。

――『西田幾多郎の思想』、講談社、二〇〇二年。

――『西田幾多郎を読む　1　「場所的論理と宗教的世界観」』、大東出版会、二〇〇八年。

――『西田幾多郎を読む　3　「絶対矛盾的自己同一」』、大東出版会、二〇〇九年。

小林敏明『〈主体〉のゆくえ――日本近代思想史への一視角――』、講談社、二〇一〇年。

――『西田幾多郎の憂鬱』、岩波書店、二〇一一年。

――『西田哲学を開く』、岩波書店、二〇一三年。

末木文美士『明治思想家論（近代日本の思想・再考Ⅰ）』、トランスビュー、二〇〇四年。

――『近代日本と仏教（近代日本の思想・再考Ⅱ）』、トランスビュー、二〇〇四年。

――『他者／死者／私――哲学と宗教のレッスン――』、岩波書店、二〇〇七年。

――『他者・死者たちの近代（近代日本の思想・再考Ⅲ）』、トランスビュー、二〇一〇年。

――『哲学の現場――日本で考えるということ――』、トランスビュー、二〇一一年。

――『浄土思想論』、春秋社、二〇一三年。

鈴木亨『鈴木亨著作集』(全五巻)、三一書房、一九九六年。

――『西田幾多郎の世界』(『鈴木亨著作集』第二巻)、三一書房、一九九六年。

杉本耕一『西田哲学と歴史的世界――宗教の問いへ――』、京都大学学術出版会、二〇一三年。

セーレン・キルケゴール、桝田啓三郎(訳)『死に至る病』、筑摩書房、一九九六年。

滝沢克己『「歎異抄」と現代』、三一書房、一九七四年。

――『日本人の精神構造――西田哲学の示唆するもの――』、三一書房、一九八二年。

――『あなたはどこにいるのか――実人生の基盤と宗教――』、三一書房、一九八三年。

――『現代における人間の問題』、三一書房、一九八四年。

――『西田哲学の根本問題』、こぶし書房、二〇〇四年。

竹内良知『西田哲学の「行為的直観」』、農山漁村文化協会、一九九二年。

竹村牧男『西田哲学と仏教――禅と真宗の根底を究める――』、大東出版社、二〇〇二年。

田辺元『田辺元全集』第四巻(初期・中期論文集)、筑摩書房、一九六三年。

――『田辺元全集』第六巻(「種の論理」論文集Ⅰ)、筑摩書房、一九六三年。

――『田辺元全集』第七巻(「種の論理」論文集Ⅱ)、筑摩書房、一九六三年。

――『田辺元全集』第九巻(懺悔道としての哲学、実存と愛と実践)、筑摩書房、一九六三年。

――『田辺元全集』第一一巻(哲学入門)、筑摩書房、一九六三年。

――『田辺元全集』第一三巻(後期論文集・遺稿)、筑摩書房、一九六四年。

丹木博一『いのちの生成とケアリング――ケアのケアを考える――』、ナカニシヤ出版、二〇一六年。

中村雄二郎『中村雄二郎著作集Ⅴ　共通感覚』、岩波書店、一九九三年。

――『中村雄二郎Ⅶ　西田哲学』、岩波書店、一九九三年。

西谷啓治『アリストテレス論攷』(『西谷啓治著作集』第五巻)、創文社、一九八七年。

――『神と絶対無』(『西谷啓治著作集』第七巻)、創文社、一九八七年。

――『宗教とは何か』(『西谷啓治著作集』第一〇巻)、創文社、一九八七年。

――『講話　哲学Ⅰ(西田哲学)』(『西谷啓治著作集』第一四巻)、創文社、一九八七年。

――――『大谷大学講義Ⅰ』（『西谷啓治著作集』第二四巻）、創文社、一九八七年。

新田義弘・山口一郎・河本英夫他『媒体性の現象学』、青土社、二〇〇二年。

庭田茂吉『現象学と見えないもの――ミシェル・アンリの「生の哲学」のために――』、晃洋書房、二〇〇一年。

野間俊一『身体の哲学――精神医学からのアプローチ――』、講談社、二〇〇六年。

――――『身体の時間――〈今〉を生きるための精神病理学――』、筑摩書房、二〇一二年。

長谷正當『欲望の哲学――浄土教世界の思索――』、法藏館、二〇〇三年。

――――『心に映る無限――空のイマージュ化――』、法藏館、二〇〇五年。

――――『浄土とは何か――親鸞の思索と土における超越――』、法藏館、二〇一〇年。

――――『本願とは何か――親鸞の捉えた仏教――』、法藏館、二〇一五年。

服部健二『西田哲学とその左派の人たち』、こぶし書房、二〇〇〇年。

檜垣立哉『西田幾多郎の生命哲学』、講談社、二〇一一年。

――――『日本哲学原論序説――拡散する京都学派――』、人文書院、二〇一五年。

藤田正勝『現代思想としての西田幾多郎』、講談社、一九九八年。

――――『京都学派の哲学』、昭和堂、二〇〇一年。

――――『西田幾多郎――生きることと哲学――』、岩波書店、二〇〇七年。

――――『西田幾多郎の思索世界――純粋経験から世界認識へ――』、岩波書店、二〇一一年。

藤田正勝編『日本近代思想を学ぶ人のために』、世界思想社、一九九七年。

藤田正勝・松丸壽雄編『欲望・身体・生命――人間とは何か――』、昭和堂、一九九八年。

藤野寛『キルケゴール――美と倫理のはざまに立つ哲学――』、岩波書店、二〇一四年。

三木清『三木清全集』（全一九巻）、岩波書店、一九六六―一九六八年（第二〇巻追加・一九八六年）。

務台理作『場所の論理学』、こぶし書房、一九九六年。

務台理作編『西田幾多郎（その人と学）』、大東出版社、一九四八年。

村上靖彦『レヴィナス――壊れものとしての人間――』、河出書房新社、二〇一二年。

山形頼洋『声と運動と他者――情感性と言語の問題――』、萌書房、二〇〇四年。

山形頼洋・三島正明『西田哲学の二つの風光——科学とフランス哲学——』、萌書房、二〇〇九年。

山下秀智『哲学書概説シリーズⅥ　キェルケゴール『死に至る病』』、晃洋書房、二〇一一年。

湯浅泰雄『身体論——東洋的身体論と現代——』、講談社、一九九〇年。

養老孟司『日本人の身体観の歴史』、法藏館、一九九六年。

《著者紹介》

喜多源典（きた　もとのり）

1971年　京都府生まれ
2017年　関西大学大学院文学研究科博士後期課程修了
現　在　関西大学文学部非常勤講師

主要業績

『曲がり角の向こう――現代社会への問いかけ――』（共著、萌書房、2023年）

「西田哲学における「他者」と「超越」」（『西田哲学会年報』第12号、西田哲学会、2015年）

「西田幾多郎の「逆対応」について――論文「場所的論理と宗教的世界観」を中心に」（『日本哲学史研究（京都大学大学院文学研究科日本哲学史研究室紀要）』別冊「杉本耕一博士追悼号」、2018年）

「鈴木亨の「存在者逆接空」の哲学とその射程――西田幾多郎の行為の哲学の批判的継承に向けて」（『宗教哲学研究』第37号、2020年）

「三木清の遺稿「親鸞」における一考察――後期西田哲学を手がかりに」（『西田哲学会年報』第17号、西田哲学会、2020年）

死して生きる哲学
――西田哲学における他者・身体・超越――

2025年2月10日　初版第1刷発行　　＊定価はカバーに表示してあります

著　者　喜多源典©
発行者　萩原淳平
印刷者　藤森英夫

発行所　株式会社　晃洋書房
〒615-0026　京都市右京区西院北矢掛町7番地
電話　075(312)0788番㈹
振替口座　01040-6-32280

装丁　仲川里美（藤原印刷株式会社）　　印刷・製本　亜細亜印刷㈱
ISBN978-4-7710-3896-7